历史的丰碑丛书

文学艺术家卷

俄罗斯诗歌的太阳

普希金

薛卫民　编著

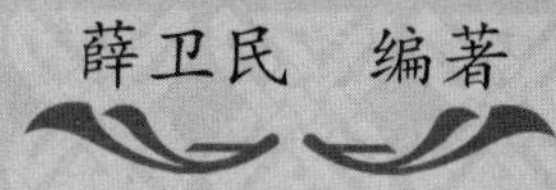

吉林人民出版社

图书在版编目(CIP)数据

俄罗斯诗歌的太阳——普希金 / 薛卫民编著 .-- 长春 : 吉林人民出版社 , 2011.4 （2025.4 重印）

（历史的丰碑丛书）

ISBN 978-7-206-07643-5

Ⅰ . ①俄… Ⅱ . ①薛… Ⅲ . ①普希金，A.S.（1799 ~ 1837）—生平事迹—青年读物②普希金，A.S.（1799 ~ 1837）—生平事迹—少年读物 Ⅳ . ① K835.125.6-49

中国版本图书馆 CIP 数据核字 (2011) 第 037475 号

俄罗斯诗歌的太阳 普希金

ELUOSI SHIGE DE TAIYANG PUXIJIN

编 著:薛卫民

责任编辑:孙浩瀚 封面设计:孙浩瀚

制 作:吉林人民出版社图文设计印务中心

吉林人民出版社出版 发行(长春市人民大街7548号 邮政编码:130022)

印 刷:北京一鑫印务有限责任公司

开 本:787mm×1092mm 1/16

印 张:8 字 数:72千字

标准书号:ISBN 978-7-206-07643-5

版 次:2011年4月第1版 印 次:2025年4月第3次印刷

定 价:35.00 元

编者的话

“欲知大道，必先为史”。

回溯人类的足迹，人们首先看到的总是那些在其各自背景和时点上标志着社会高度和进步里程的伟大人物。他们是历史的丰碑，是后世之鉴。

黑格尔说：“无疑，一个时代的杰出个人是特性，一般说来，就反映了这个时代的总的精神。”普希金说：“跟随伟大人物的思想是一门引人入胜的科学。”

以史为鉴，面向未来。作为21世纪的继往开来者，我们觉得，在知史基础上具有宽广的知识结构、开阔的胸襟和敏锐的洞察力应是首要的素质要求，而在历史的大背景中追寻丰碑人物的思想、风范和足迹，应是知史的捷径。

考虑到现代人时间的宝贵，我们期盼以尽量精短的篇幅容纳尽量丰富的信息，展现尽量宏大的历史画卷和历史规律。为此，我们编撰了这套丛书。

编撰丛书的过程，也是纵览历代风云、伴随伟人心路、吸收历史营养的过程。沉心于书页，我们随处感受着各历史时期伟大人物所体现的推动历史进步的人类征服力量。我们随着伟人命运及事业的坎坷与辉煌而悲喜，为他们思想的深邃精湛、行为的大气脱俗而会意感慨、拍案叫绝。

然而，在思想开始远游和精神获得享受的同时，我们也随之感受到历史脚步的沉重和历史过程的曲折。社会每前进一步都是艰难的，都伴随着巨大的痛苦和付出。历史的伟大在于它最终走向进步，最终在血污中诞生了鲜活的“婴孩”。

历史有继承性和局限性，不能凭空创造。伟人也有血肉，他们的思想、行为因此注定了同样具有历史的局限性和阶级的、时代的烙印；他们的功业建立于千千万万广大人民群众伟大创造的基础上。历史是人民群众创造的，伟大的人物们是历史和时代造就的。同时，我们也无法否定此间他们个人的努力。这也正是我们编撰这套丛书的目的。

我们期盼着这套丛书得到社会的认同，对读者，特别是青少年读者之历史感、成就感和使命感的培养有所裨益。史海浩瀚，群星璀璨。我们以对广大青少年读者负责的精神，精心遴选，以助力青少年成长进步，集结出版了《历史的丰碑》系列丛书，敬请读者批评、指正。

编 委 会

在这个表面积达51100平方公里的地球上，浩瀚的海洋拍击着大片的陆地和千千万万的岛屿，荡漾开的人类分布在所有生长植物的地方，日复一日地在绵亘的岁月中融合成一个个民族。在天理和正义的目光中，所有的民族都是平等的；然而，高悬的平等消泯不了地上的差别，总有一些民族会在世界民族之林中，显现出更有理由的自信和骄傲。

人类在有许多分歧的同时也有许多共识，不能设想一个伟大的民族没有自己伟大的诗人；没有自己伟大诗人的民族是一个失语的民族；诗歌是矗立在历史中无需雕琢与粉饰的纪念碑，它印证着一个民族的文明程度。

亚历山大·谢尔盖耶维奇·普希金，这位具有非洲黑人血统的俄罗斯人，这位俄罗斯近代文学的奠基者和俄罗斯文学语言的创建者，这位只活了38岁便在决斗中死去的伟大诗人，永远是俄罗斯民族素质和形象、自信与骄傲的一部分。

目　录

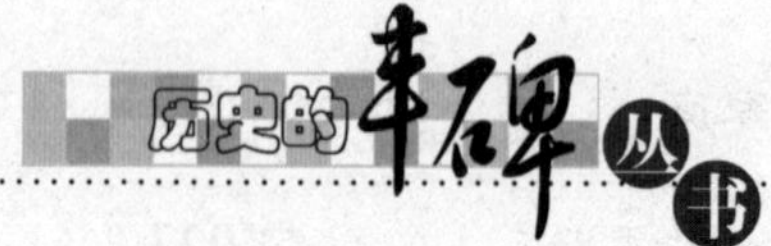
历史的丰碑丛书

贵族血统

历史能够记住的，永远是显赫

历史以记忆中的显赫激荡后人。

——作者题记

祖先在我们的生活中，是无法被忽略不计的。在中国，就是一个最微不足道的家族，也有一个纸页发黄变脆，却依然被恭敬小心地珍藏，一有婴儿呱呱落地便要接着续写的家谱。在历史的长河中无以数计的家谱消失，但这依然无法阻止人们记忆和回想他们的祖先。无论祖辈维系的是光荣还是耻辱，记忆和回想都会给后人以或大或小的影响和启迪。而血统延续的基因所起的作用，更是一个充满奥妙的谜。

在俄国，普希金家族的家谱是无需自己记述的，因为俄国在讲述自己的历史时，必须提起普希金家族在各个历史时期的许多代表人物。诗人普希金的祖先，或作为前方军团的军事将领，或作为庞大辖区的地方长官，或作为代表俄国出使异邦的外交使节，无论在军队或在朝廷中，都功勋卓著。他们参加过俄国历史上著名的库科利沃会战和伊凡雷帝指挥的会战，参加过征服克里米亚人、瑞典人和土耳其人的远征，抵抗过波兰王子对莫斯科的进犯，出使过欧洲许多国家出色地解决一些重大的国际问题。他们立下的赫赫战功和表现出的卓越的外交才能，为普希金家族赢得了“英勇无畏、精力充沛和富有创造才能”的族徽。

“英勇无畏”可以干成轰轰烈烈的义事，也可以干出同样令人瞩目的不义之事，就和“精力充沛”、“富有创造才能”一样。但是，单从素质的优劣而论，“英勇无畏”毫无疑问胜过“怯懦苟且”。

“精力充沛”毫无疑问胜过“萎靡不振”。

“富有创造才能”毫无疑问胜过“平庸无奇”。

素质自身的优劣，不对道义和是非负责。对道义和是非负责的是素质的拥有者——人。

普希金家族成员中，同样也有人反对过彼得大帝的改革，参与过阻止俄国走向进步的阴谋，一个叫

←普希金家族的族徽

费多尔·普希金的御前大臣被处死刑。诗人普希金在《我的家族》中，曾专门写道他的祖父列夫·普希金——这位贵族、近卫军军官的前妻，“因为丈夫怀疑她同儿子的法国家庭教师有暧昧关系（不知是否属实）而把她关进私设的牢房，她就死在草堆上了。至于那个法国人，则按照十足的封建办法，在后院里把他勒死了。”诗人的这位祖父，后来因为参与一场宫廷政变而下狱、丢官，可他还有大片的庄园和众多的农奴，而使普希金家族不至于走向败落，仍能过着优裕的贵族地主生活。他的续妻生了两男两女，两个男孩叫瓦西里和谢尔盖，他们一个是诗人的伯父，一个是诗人的父亲，都在后来载入了俄罗斯文学的史册。

这是一个有过辉煌也有过黯淡，但从来不曾悄无声息的贵族世家。它拥戴过某位沙皇，也反对过不止一位沙皇，从而后世将“叛逆的”“桀骜不驯的”评价冠于它的头上。“叛逆的”“桀骜不驯的”普希金家族，一直不曾得到过各代统治者封赏的爵位。

但它做到了这一点：即无论怎样，俄国在回望过去时，目光都无法绕过它。一部《俄罗斯帝国史》，曾有21处提到普希金家族。

俄罗斯的“帝国史”，比起有些历史悠久的国家来，实在算不上漫长。15世纪末伊凡三世征服大部分俄罗斯的时候，才终于击败蒙古的军队，摆脱蒙古人的统治；16世纪初，俄罗斯才成为欧洲一个强大的统一国家；1721年彼得大帝即位，始宣布俄罗斯为帝国。七十多年之后，诗人普希金诞生了。

←普希金的父亲谢尔盖·普希金

诗人母系家族的历史，在后人看来也许比普希金家族更具传奇色彩。这是一个由黑人奴仆上升为俄国贵族的世家。

诗人的外曾祖父，原名叫伊勃拉吉姆，是一位出生于东部非洲埃塞俄比亚（旧称阿比亚尼亚）的阿拉伯黑人。他是埃塞俄比亚一个王子的儿子。17世纪末，东北部非洲一直与土耳其人打仗，胜利的土耳其人将得到的战利品、奴隶等，都运回到伊斯坦布尔（古称君士坦丁堡）。伊勃拉吉姆这个战败方的非洲儿童，埃塞俄比亚王子的儿子，也作为人质被带到了土耳其。

欧洲宫廷自古就有使用黑人奴仆的风气，这风气

自然也传到了俄国。1706年，俄国驻土耳其公使接到彼得大帝的命令，让他设法弄几个黑人儿童到俄国的宫中，作为强大帝国宫廷中的点缀。俄国公使不辱使命，设法将伊勃拉吉姆从土耳其偷运出来，送往俄国。彼得大帝做了他的教父，皇后做了他的教母，并给他改名为阿伯拉姆·彼得罗维奇·汉尼拔。

这位非洲儿童天赋极高，聪明伶俐，才能超群，很快就脱颖而出，不再是奴仆，不再是宫廷中的点缀，而是做起了彼得大帝的贴身侍从和私人秘书。后来，不拘一格爱人才的彼得大帝，又发现了汉尼拔“在出征和作战中”表现出的勇敢和卓越才能，于是决定送他去国外深造。就这样，汉尼拔进入了法国军事工程学院。留学法国6年，汉尼拔出色地完成学业回到俄国，在首都彼得堡成为数学和工事工程学教授。

汉尼拔从巴黎带回大量的法国图书，除了与他专业相关的，还有地理、历史、哲学和文学书籍。他亲自撰写过一部工程技术方面的专著，还用法语写过回忆录。18世纪俄国的传记家们，记述了“汉尼拔出色的几何学和工事工程学”，以及汉尼拔“在渴望科学知识的新一代人中享有的盛名和威望”。到了1746年，彼得大帝的女儿、当时俄罗斯的女皇伊丽沙白·彼得罗芙娜，在普斯科夫省赐予汉尼拔一片广阔的领地。

↑普希金的母亲娜杰日达·奥西波夫娜·哈尼巴尔

那片庄园在若干年后，因为伟大诗人普希金曾被幽禁在那里而闻名于世，它就是著名的“米哈依洛夫斯科村”。汉尼拔后来曾任俄国工程师总长，曾获少将军衔，身居列韦里要塞司令的高位。也曾因为风流韵事，闹起过惊动女皇的风波。非洲、欧洲、奴仆、贵族、出征、航海、事业、爱情……1781年，这位由彼得大帝的黑仆跻身于俄罗斯贵族之列的传奇式人物，结束了他波澜壮阔的一生。

诗人普希金在他创作的文字中，多次直接或间接地提起普希金家族和汉尼拔家族的人物和往事。19世纪30年代初，诗人写下如下诗句：

有两种爱对我们无限亲切
我们的心从中得到滋补
一是爱我们可爱的家乡
二是爱我们祖宗的坟墓。

当然，普希金所说的“祖宗”，并不仅限于与他有血缘关系的历史人物。

作为汉尼拔的孙女，诗人普希金的母亲从小到大成长环境之优越，可想而知。她叫娜杰日达·奥西波芙娜·哈尼巴尔，受到上流社会最好的教育。她不但美艳照人，而且精通法语，文笔流畅自如，既充满上流社会的优雅，又富于浪漫情调。在保存下来的她的书信中，人们领略到了这位美人的文学才华和艺术禀赋。这样的少女追求者如云是再自然不过的事了。1796年，她嫁给了青年诗人、近卫军军官谢尔盖·普希金。

俄罗斯两个赫赫有名的家族联姻了。这对上流社会的年轻夫妇，按照自己喜欢的方式，过着优裕从容的生活。谢尔盖婚后的第二年，即因为对在仕途上进一步往上爬没兴趣，因而醉心于文学，辞去了近卫军中的工作，无牵挂地进入社交界和文学沙龙，像他的哥哥瓦西里一样，成为文学界的知名人士。

贵族意味着什么？意味着特权，意味着远比平民广阔的生存空间和表现舞台。为善趋美也好，造恶逐丑也罢，特权都为拥有者提供了更多的方便、更大的可能性、更高程度的实现值。贵族的流芳百世或遗臭万年，都要比平民更容易抵达显赫。

而历史能够记住的，永远是显赫。

历史以记忆中的显赫激荡后人。

←少年普希金

相关链接

XIANGGUAN LIANJIE

十二月党人起义

十二月党人起义发生在1825年12月14日（西历12月26日），是由俄国军官率领三千多士兵针对帝俄政府的起义。由于这场革命发生于12月，因此有关的起义者都被称为“十二月党人”，而这次革命发生在圣彼得堡的元老院广场。在1925年，为了纪念这场革命发生一百周年，元老院广场改名为“十二月党人广场”。

在17世纪末18世纪初，俄罗斯受到欧洲的启蒙思想及自由主义思潮的冲击。尤其是法国大革命后，由拿破仑统治下的法兰西第一帝国影响最为深远。当俄国在奥斯特里茨战役惨败于法国的枪炮后，使得国内的自由主义思想更为高涨。

当反法同盟最后把拿破仑打败后，往前线征战的俄军亦凯旋回归。但是，他们在进行战事期间，亦充分体现在彼斯特尔所写的“看到了西欧的繁华和先进”。反观自己的国家仍旧是落后不堪，便开始对专制政府感到不满。

1816年，有一部分俄国军人成立了“救济同盟”，后来在1818年改组为“福祉同盟”。但基于政见不合，这个组织在1821年分裂为以军官彼斯捷尔为首，主张共和制的“南方同盟”和希望君主立宪，由军官穆拉约维夫领导的“北方同盟”。1823年春，双方协议共同发动武装起义。

1825年，沙皇亚历山大一世驾崩。由于他膝下无嗣，其二弟康斯坦丁大公继承皇位，但因为他欲与一贵妇成婚而自动放弃皇位。因此，皇位继承权落入了亚历山大一世的三弟，尼古拉一世的身上。十二月党人决定在尼古拉一世继位之日，由特鲁别茨科伊公爵领导起义。12月26日（俄历14日），起义军官率领三千多名士兵到达彼得堡元老院广场，但特鲁别茨科伊临阵脱逃。尼古拉一世立即调动军队，用大炮轰击广场，血腥镇压起义。起义者退到冰冻的涅瓦河上，冰面已被炮弹打穿了许多大洞，不少人掉了进去。元老院广场上弹痕累累，血迹斑斑，尸横遍野。

亚历山大去世的消息传到乌克兰，南方协会马上准备起义。北方起义失败的消息传来，他们并未因此退缩。同年12月31日，南方协会举行起

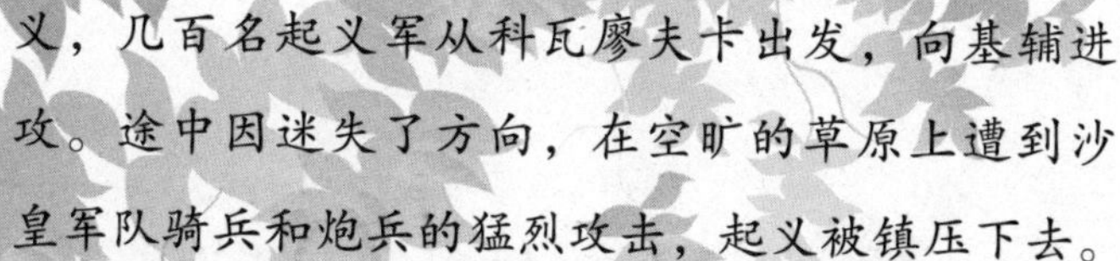

义，几百名起义军从科瓦廖夫卡出发，向基辅进攻。途中因迷失了方向，在空旷的草原上遭到沙皇军队骑兵和炮兵的猛烈攻击，起义被镇压下去。

起义失败后，沙皇政府成立了“秘密审讯委员会”，对参加起义的人进行审判。十二月党人多个领袖以特等罪被处以极刑。有数千名起义参加者被处以重刑，有121人被流放到人烟稀少、寒冷荒芜的西伯利亚服苦役。值得一提的是许多十二月党人的妻子自愿抛弃优越富足的贵族生活，离开大都市，选择跟随自己的丈夫过长期流放的生活。

十二月党人起义是俄国历史上对沙皇专制制度的一次巨大的冲击，它不同以往的以农民起义为主体的革命，十二月党人无论是在文化教育水平、政治素养和远见、政治斗争手段、组织能力等方面均远远胜于前者。列宁把十二月党人称为“贵族革命家”“贵族中的优秀人物帮助唤醒了人民”，并且把这一时期称为贵族革命时期。虽然十二月党人的起义以失败告终，但它敲响了俄国自由主义革命运动的钟声，同时也引发了大量有关自由主义的文学创作如列夫·托尔斯泰的《战争与和平》及普希金的诗作等。

浪漫的文学家庭

青年时光就像源头
人一生的命运都有它的回响
——作者题记

辞去军中职务的谢尔盖，与妻子离开彼得堡，回到祖居地莫斯科，住进了涅麦茨卡亚街的一所房子。那条大街是当年第二首都莫斯科最好的地方，居住着外国人、达官显贵和俄国的学者、文学艺术家，是典型的贵族区。世事沧桑，那所房子早已不在了，那条大街也于苏联十月革命后更名为博曼大街。1927年，已建起一座新学校的博曼大街10号旧址处，竖起了一块醒目的纪念碑，上面刻的文字是："普希金故居遗址：1799年5月26日，亚历山大·谢尔盖耶维奇·普希金诞生于此。"

18世纪末的1799年，在世界和俄国发生了一系列重大事件。对未来的诗人普希金来说，也许其中的这两件显得尤为重要：

第一件事是，拿破仑推翻了执政内阁，成为法国皇帝；他对整个欧洲的影响，他对俄国的战争，他兵败莫斯科城下的命运转折，都给日后的诗人普希金留下了难以抹去的印象。诗人对拿破仑这位叱咤风云、英雄一世，最终却在圣赫厄拉岛的流放中死去的人物，一直充满了复杂的情感，“拿破仑”长久地成为吸引他的创作题材。1821年7月18日，拿破仑去世的消息传到俄国南方的基什尼奥夫，流放中的普希金在他的本子上记下了这个日子，并在同一年写下了著名的抒情诗《拿破仑》：

一个奇异的命运终了
伟大的人已经逝去
在暗淡的囚居中，沉落了
惊人的拿破仑的世纪
……
那时候，在人民的动乱中
你预见了美妙的机会
不顾他们崇高的希望
你竟然蔑视了人类
……
还有谁，胸怀异常的偏狭
（让我们羞辱这样的人）

在今天，还想以狂热的谴责
烦扰他废黜的阴魂！
……

第二件事是，诗人普希金的外婆卖掉了戈布里诺庄园，在莫斯科郊外新购置了一大片田产，同时释放了一批农奴；在被释放的农奴中，45岁的女奴阿丽娜·罗迪奥芙娜自愿留在主人身边，成为刚出生的普希金的奶娘。这是一位生性温柔善良的女性，她的天姿绝不在贵族老爷、太太小姐们之下，但她是女奴。她历经沧桑变故，掌握极为丰富的古老传奇、人物轶事、民间谣曲和乡俚俗谚。这一切，日后都成为哺育未来诗人健康成长不可或缺的精神乳汁。这份来

←普希金聆听奶娘讲故事

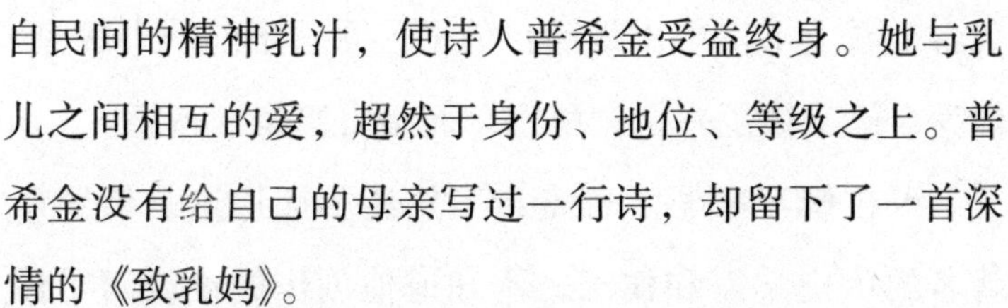

自民间的精神乳汁，使诗人普希金受益终身。她与乳儿之间相互的爱，超然于身份、地位、等级之上。普希金没有给自己的母亲写过一行诗，却留下了一首深情的《致乳妈》。

当时的莫斯科，已经是俄国知识分子和艺术家云集荟萃的中心了。而莫斯科最重要的“书香门第”之一，就是谢尔盖·普希金的家。那里的文学沙龙，几乎终日都有诗人、作家、艺术家以及文化界名流进进出出。

藏书家布图尔林来了。父亲当然要与他谈藏书，谈各自的和其他人的藏书，各个时期各种版本的，法文的，德文的，希腊文的，俄文的。父亲的书房那么大，却又显得那么小，因为太多的书架和书籍占满了空间。幼小的普希金在大人们的身边、腋下钻来钻去，不时抬头看看大人们指点的某一种书籍。这就是藏书，挥金如土的父亲也爱不释手的东西。普希金心想：书一定比金币和卢布更重要。

出版家穆辛来了，他也姓普希金。著名的《罗斯法典》《伊戈尔王子远征记》，都是经这个人的手出版面世的。父亲当然要与穆辛谈出版。哦，书都是人写的，写完之后印刷，印刷完装订成册；通过出版，一个人写的诗歌、故事就可以由原来的一份手稿，变成百本、千本、无数本，让千千万万的人读到。幼小的普希金看上书房中琳琅满目的书，看看眼前的出版家，他为自己又懂了一个“秘密”而暗自兴奋、得意。

卡拉姆辛来了。普希金当然还不知道这是俄罗斯著名的历史学家和作家，不知道他创作的小说《可怜的丽莎》，赚得了多少年轻姑娘的叹息、眼泪和芳心，不知道曾在21处提到普希金家族的《俄罗斯帝国史》，就是这个人写的。但尚不知这些的普希金，仍能以一个孩子的眼睛，看出这个人的气宇不凡来。幼小的普希金，居然对这位他还知之甚少的大人物发生了兴趣。父亲当然会同卡拉姆辛谈创作，谈诗歌，谈正在争论不休的文学话题。谈到激动处，卡拉姆辛从沙发上站起来，挺直魁梧的身躯，伴着音乐指挥家般的手势，开始了高声的朗诵，滔滔不绝……这样的场面的确非同寻常，但对一个5岁的孩子来说，似乎不应该有那么大的吸引力。可普希金却被吸引住了。“……整个晚上，亚历山大都坐在卡拉姆辛的对面，仔细倾听他的谈话，目不转睛地望着他……”

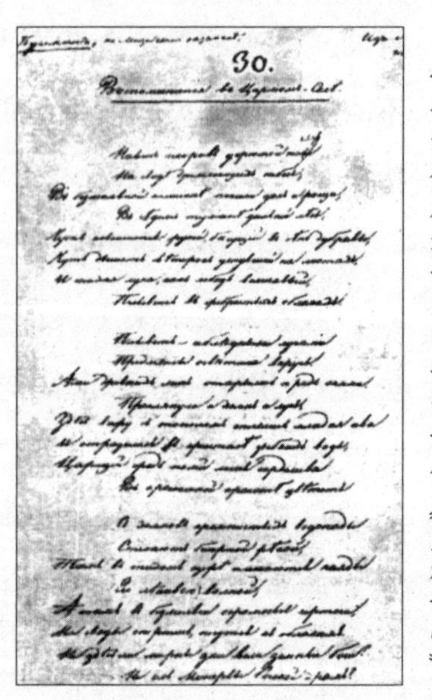

←普希金在考试中朗诵的诗作《皇村记忆》

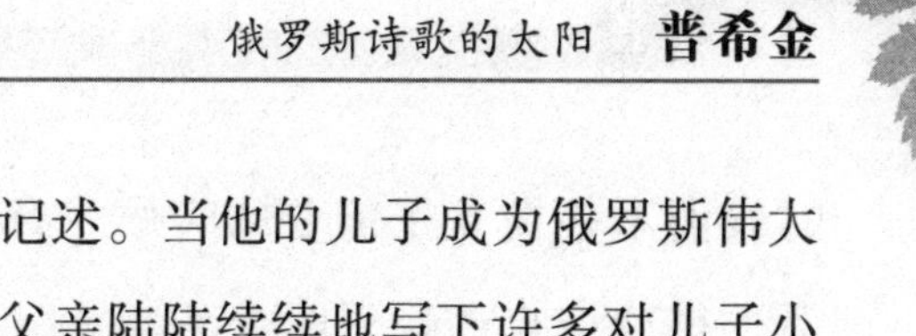

——这是谢尔盖的记述。当他的儿子成为俄罗斯伟大的诗人之后，这位父亲陆陆续续地写下许多对儿子小时候的回忆文字。

5岁的普希金也会在父亲接待一些乏味的客人时，去找他的母亲。那些客人也无一不是上流社会的名角，可他们谈文学更多的是为了附庸风雅，为了掩饰满身的俗气，而根本没有源于内心渴望生发出的激情。普希金本能地不喜欢这类客人，感到他们乏味。他从小就对“激情”与“造作”敏感。这时他很自然地就会收回对卡拉姆辛那样的迷恋和虔诚，去寻不乏味的事来做。

母亲娜杰日达有她自己的朋友圈子。那些来访的女人，或是阔太太，或是贵夫人，或是丈夫某种客人带来的女友、情妇。娜杰日达良好的修养，雍容的仪态，不俗的鉴赏力，和任何女客相比都不逊色；加之她女主人的身份，她顺理成章地成为众多女人中的主角。这是她喜欢的角色环境，是她离不开的社交生活的一部分。也许她正在与某位小姐谈巴黎的时装，与某位名媛谈法国的香水，或者正按俄国上流社会时髦的方式，以流利、优美的法语背诵高乃依的悲剧，朗读狄德罗的小说。但不管她正在做什么，她都不希望儿子来打扰她。对儿子的亲情，永远都是在她需要的时候而不是在儿子需要的时候才有。这是一个很会生活、很珍惜自己快乐时光的女人。她的儿子有专门的奶娘，专门的男仆，她认为这就足够了。“去找奶娘！”“去找外婆！”“让尼基塔带你出去玩！”尼基塔是一位年轻的男仆，专门负责照看主人家的几个孩子。他陪伴了诗人普希金短暂的一生。

不被母亲接纳的普希金，心里是什么滋味，留下什么印迹，别人只能猜想。

他去找奶娘。奶娘像爱自己的儿子一样，爱她的小主人。但她必须永远表现出她爱的是小主人，而不

←普希金的伯父瓦西里·普希金

是一个普通的小男孩，更不是她儿子一样的小男孩。这样复杂的情感，她习以为常了，她能表现或藏匿得很好。这位堪称民间艺术大师的女奴，丰富的内心世界里，涌动着强烈的艺术激情。她希望自己的“作品”有欣赏者，希望她娓娓动听的讲述，不是消失在空谷里，而是遇上“回音壁”。普希金与他的奶娘有着一种特殊的情感，喜欢奶娘的微笑，喜欢奶娘的声音，甚至连奶娘眼角的皱纹，都放射着令他温暖的慈爱。他听不够奶娘的童话、传说、民间故事，还有那些朗朗上口的歌谣，风趣幽默的民间笑话。他是给奶娘以快乐和安慰的“回音壁”。他爱奶娘因而最听奶娘的话。这使他的母亲都有些嫉妒。当奶娘说：“下次再讲吧。一次听太多，你就听呆了”时，任性的小男孩，总能恋恋不舍却乖乖地离开。

普希金去找外婆。外婆也是个讲故事的能手。俄国历史上重大的变故和战事，沙皇和皇后们的私生活，宫廷中的轶闻趣事，外婆都能信手拈来。而她的家史——那位彼得大帝黑人宠臣汉尼拔的一生，更是充满传奇、最精彩不过的故事：“……他出生在遥远的沙漠之国，他的父亲是一位王子，他后来渡过大海来到欧洲，来到俄国的宫廷……”外婆还会用纯正的俄语，为他读书上的童话，比如法国作家贝洛的《鹅妈妈的故事》。不过，外婆的心绪并不总那么好，外婆是外公的前妻，是被风流的外公遗弃的女人。外婆还有许多事要做，因为娜杰日达根本不管家政，一切都推给了她的母亲。

普希金也喜欢去找男仆尼基塔，让他带自己去外面玩。城边的清水塘，波科罗夫斯基城门，修剪整齐、一簇簇的“凡尔赛树”，广场上的风光……这些都是普希金感兴趣的。尼基塔年轻、聪明，有良好的艺术鉴赏力，尤其是对造型艺术。莫斯科的都市风景，各种风格流派的建筑，他都能向自己的小主人讲出它们的

←普希金自画像

美丽来。俄罗斯不知从哪个年代起，在春天到来时有了一个“放鸟节”。在放鸟节这一天，许多外国人会惊奇地看到，一些仆人、农奴成群结队地来到广场，把自己买得的鸟从笼子里放出来，在人群的欢呼声中，目送获得自由的鸟儿，展翅飞向莫斯科的蓝天，飞向远方俄罗斯大片大片的旷野和森林……自己的国家已经没有了农奴的外国人，会在那种情景中，感到一种特殊的美丽和凄楚。这个象征意味极浓的“放鸟节”，儿时的普希金就是在尼基塔的带领下看到的。看过他就再也忘不了了。农奴，笼中的小鸟，放飞，自由……这些都在他幼小的心灵中烙上了深深的印痕。

→皇村学校时期的普希金

奶娘、外婆讲的故事、童话，无意中成了普希金观看、思索“放鸟节”的铺垫。在那些讲述中，有着太多的痛苦和欢乐，奴役与自由，挣扎和希望。关于“放鸟节”，普希金有着远比同龄孩子更多的感悟，一点儿不奇怪。1823年，流放南俄边疆的普希金于春天亲自放飞一只鸟，并写下了《小鸟》一诗记之：

在异邦，我虔诚地遵守着
祖国古老的风俗
在春天一个明朗的节日
一只小鸟被我放出……

普希金身边灯红酒绿、充满各种浪漫情调的生活持续着：高朋满座的家庭晚宴，雅致风流的文学沙龙，美女如云的家庭晚会……

还有他内心没人能够看得见的苦闷和孤独。

可普希金毕竟是幸运的：在这个文学修养极高的家庭，就连喜欢打扮、喜欢社交玩乐的女主人，也和她的丈夫一样，对语言艺术有浓厚的兴趣，全家人都把诗歌看做生活中重要的内容。稍稍通晓一点儿童教育、环境影响、潜移默化因素作用的人，都会想到这样的家庭对未来的诗人意味着什么。还是诗人自己说得更为直接——1821年，诗人普希金在给弟弟列夫的信中写道："如果你像家里人，你就会成为文学家。"

相关链接

XIANGGUAN LIANJIE

《叶甫盖尼·奥涅金》导读

《叶甫盖尼·奥涅金》是普希金的代表作。这部诗体小说是俄罗斯第一部现实主义作品，小说塑造了奥涅金这个“多余人”的形象，用奥涅金的冷漠、怀疑，连斯基的理想主义热情，达吉雅娜的纯洁、孤寂，真实地反映了19世纪20年代俄国黑暗的社会现实和知识分子追求光明、自由时的困惑、迷惘的心理，提出了许多重要的社会问题，因此别林斯基把它称为“俄罗斯生活的百科全书和最富人民性的作品”。

作品的中心主人公是贵族青年奥涅金。奥涅金在贵族的传统环境中长大。经历过和一般的贵族青年相似的奢靡的生活，对莫斯科的社交生活习以为常，以至于他对生活经常感到极度厌倦，甚至到后来连芭蕾舞也引不起他的注意。

厌倦了上流社会生活的奥涅金来到外省的乡下，和热情单纯的年轻诗人连斯基成了好友，并在他介绍下与拉林娜老太太一家结识。

拉林娜的次女、活泼的奥尔加和连斯基相爱，而她的长女、文静的达吉雅娜爱上了奥涅金。但奥涅金对家庭生活已经抱有成见，不愿受家庭的束缚，因而拒绝了达吉雅娜。

奥涅金在寂寞冷清的庄园里过着隐士般的生活。每天清晨他到一条溪流中去沐浴，阅书读刊，到野外散步，骑马。最后是整夜地沉睡。只有弗拉基米尔偶尔来访。

那年冬季，拉林家要庆祝达吉雅娜的命名。连斯基声言这仅仅是一次小型的家庭聚会，于是奥涅金同意去参加。当他发现众多的来宾、过多的食物，和非参加不可的舞会时，他感到上当受骗了。为报复起见，他故意过多地邀请奥尔加跳舞，以此来剥夺连斯基与他的未婚妻一起跳舞的机会。连斯基又嫉妒又生气，终于向奥涅金提出要和他决斗。奥涅金接受了他的挑战。

决斗之前，连斯基去见奥尔加。他的目的是责备她的轻佻行为。但奥尔加一如既往，见到他时非常高兴，对他充满柔情，好像什么事也没有发生过似的。连斯基心里轻松了一些，但仍感到有些困惑，在这种心情下，他准备去决斗场地迎

战奥涅金。

两个朋友相遇后，奥涅金在射击时打中了连斯基的胸膛。奥涅金终于悔恨莫及，离开了庄园，独自一人到处漫游。奥尔加不久和一个军官结了婚，并离开了家。

尽管出了这桩丑闻，达吉雅娜仍然爱着奥涅金。她去访问他的庄园，和他的老管家交上了朋友。她坐在他的书房里阅读他的书籍，并思索着他在书页上写下的旁注。

达吉雅娜的母亲决定把她带往莫斯科，因为那儿可供选择的男子会多些。在莫斯科，达吉雅娜从她的表妹们那儿学会了做时髦的发型，在社交场合一举一动都更温文有礼。在一次舞会中，她引起了一位有名望的身为将军的公爵的注意。尽管他块头大，很肥胖，她还是接受了他的求婚。

奥涅金经过两年多的漫游以后又回到了莫斯科。有一次他去参加一个上流社会的舞会，竟在这里遇到了达吉雅娜。

达吉雅娜变了，丝毫也看不出她过去的痕迹——一个曾经写信给他，赤裸裸地表白她的爱情的腼腆、质朴的女郎。奥涅金被她迷住了，从此经常去她家里，但他得到的只是冷漠的接待和只让他吻一下她伸出的一只疏远的手。

作品中奥涅金与达吉雅娜和连斯基的关系，进一步显示了主人公身上的深刻矛盾。如果说奥涅金误解和拒绝达吉雅娜对他的真挚的感情还多少带有不满上流社会庸俗习气的因素的话，那么他为了维护个人的虚荣而轻率地与连斯基进行的决斗则暴露了唯我主义的灵魂。奥涅金后来对已成为贵夫人的达吉雅娜的追求虽不乏真情，但其中更多的已是贵族子弟的虚荣。作品留给奥涅金的依然是迷惘的前程和一事无成的悲哀。

作者在奥涅金身上准确地概括了当时一部分受到进步思想影响但最终又未能跳出其狭小圈子的贵族青年的思想面貌和悲剧命运，从而成功地塑造出了俄国文学中的第一个“多余人”形象。

《叶甫盖尼·奥涅金》在艺术上也颇有特色。作品生活场景广阔，人物形象鲜明，语言优美，体裁别具一格。它用诗体写成，兼有诗和小说的特点，客观的描写和主观的抒情有机交融。独特的“奥涅金诗节”（每节14行，根据固定排列的韵脚连接）洗练流畅，富有节奏感。

热爱自由是人的天性

尊严与人格意识，是生命意识的精髓

——作者题记

普希金的研究者们发现：在这位名扬世界的伟大诗人极其丰富的作品中，没有一首诗是写给他母亲的。

如果说娜杰日达对自己的儿子漠不关心，显然失之公允。据普希金的姐姐奥尔佳的回忆录纪实，娜杰日达对孩子的教育是颇为在意的。奥尔佳回忆说："我和弟弟之所以都能热爱法国文学，不仅仅由于父亲的影响，还有母亲的培养。每当巴黎有新的优秀书刊出版，母亲都要购买，给亚历山大和我诵读。"娜杰日达是一个正常的、感情丰富的女性，只是她太爱自己了，关心自己胜过了关心她的儿女们。她更情愿把时间和精力，用在自己迷恋的社交生活中。谁也不可以打扰她的欢乐，包括她的儿子。

可以设想，儿童普希金大概少不了要在母亲那儿，一次次地碰上一鼻子灰悻悻地离开。

在这方面，谢尔盖与妻子是一对儿趣味相投的夫妇。他有教养，他是诗人（尽管成就不大），他对法国古典文学热爱至深，并且是许多人公认的俄国第一位“莫里哀专家”。但他似乎不懂儿童心理，不懂儿童除了锦衣美食，内心还渴望什么，情感还需要什么。

奥尔佳，亚历山大，姐弟两个对母爱的正常要求，往往被娜杰日达视为过分。他们为此做出的儿童式的反抗（比如乖戾、不听话等），她自然也会视为捣乱。经常不为大人所关注的儿童，有时甚至会用闯祸和恶作剧来迫使大人们来“关注”自己。儿童心理学家对此有过许多描述，做过精辟的分析。

娜杰日达时常惩罚普希金和他的姐姐奥尔佳。有一次，奥尔佳又把身为上流社会贵妇人的母亲惹恼了。娜杰日达打了奥尔佳一个耳光，给她又脏又破的裙子穿，并且不允许她上餐桌，只让她在一旁啃硬面包，喝冷水。对穷人家衣不蔽体、食不果腹的孩子来说，又脏又破的裙子和硬面

←普希金的姐姐奥尔佳·谢尔盖耶夫娜·普希金娜·巴伏里谢娃

包，是构不成浓重的惩罚意味的。那毕竟是裙子和面包。奥尔佳就不同了，她是贵族之家的小姐，尽管她年小但她同样能意识到那是惩罚、侮辱性的惩罚。在普希金幻想的世界里，更多的是小动物、王子、公主、采草莓的小女孩……与他同在，与他一同嬉乐；可在真实的生活中，大他两岁的姐姐奥尔佳，是他唯一年龄相近的玩伴。他不能不同情姐姐的当时的处境，但他爱莫能助。他还太小。他有的，也许仅是对母亲的不满和愤怒。

大人们都走了，只剩下了姐弟两个。奥尔佳嘤嘤地哭了一阵后，呻吟着说："我宁肯去上吊，也不会求饶。"这脾气，这执拗，这带有悲壮色彩的决绝，太投合普希金的情感了！姐姐刚说完，普希金转身便出了房间，不一会儿便找来钉子和锤子，把那根钉子往墙上钉。奶娘闻声赶来了，奶娘问他："少爷，您这是干什么？"普希金一本正经地说："姐姐宁肯上吊也不求饶。我给她准备好钉子。"

善良而又敏感的奶娘笑不出来，她只感到心中怦然一动，有一种难以言说的震撼。这不太像儿童的懵懂天真，更不像随机而来的刻薄玩笑。那么是什么？奶娘想不清楚。她把自己的小主人揽在了怀里……

当年一位住在莫斯科的老太太，是普希金家的邻居和朋友，她曾这样描绘童年时的普希金："亚历山大是个野里野气的矮胖男孩，一头卷发，黑黑的脸蛋，长相并不出众。但他的双眼炯炯有神，似乎在放射着明亮的火花……"这个眼睛里似乎"放射火花"的男孩，内心充溢着太多的欲望和渴求。人的心灵需要慰藉，大人、孩子在这一点是没有区别的。在那个有许多大房间的贵族宅邸里，儿童普希金终于找到了慰藉自己的好方式——读书。随心所欲地读自己想读的书。

后人一致认为，诗人的父亲谢尔盖有一件事"放任"得十分正确：他不限制儿童普希金早早地接触成人文学作品。8岁的时候，普希金便已似懂非懂、囫囵吞枣地阅读了大量俄国的和法国的文学作品。父亲从不限制他走进自己的书房，也不干涉他东一本西一本地翻弄。在书籍的海洋里，8岁的普希金还是一只小

←皇村湖畔风光

船，可小船也会有不时发现一个小岛、几株椰子树的时候。做自己的小船的船长，会很得意，很有尊严；会为自己的寻觅和发现，而油然生出价值的实现感、成功感。这对建立一个孩子的自信，培养一个孩子的“野心”——理想、抱负，其作用简直无法估量！

谢尔盖一生虽然不过是个并不出色的小诗人，然而，他却为一位伟大诗人的儿时，提供了极合宜的学习条件。诗人的弟弟列夫在回忆普希金时写道：“父亲的书架上只有法文书。亚历山大废寝忘食地读完一部又一部。他总是溜进父亲的书房里，贪婪地阅读那些书籍。他的记忆力惊人，11岁上，他就能记住全部法国文学作品。”列夫所说的是不是太夸张了，没人考证过。我们也没必要在这个问题上特别较真儿。但有一点是毫无疑问的：即那时的普希金，的确阅读了数量令人难以想象的文学作品。那些作品包括：古希腊历史学家普卢达尔格的著作；荷马的《伊利亚特》、《奥德赛》（是法文译本还是俄文译本，不得而知）；法国作家比丹贝、拉·封丹、莫里哀、高乃依、博马舍、狄德罗、伏尔泰、帕尔尼的悲剧、喜剧、寓言、小说、对话录、哲学、诗歌等等；甚至还有18世纪自由派的小册子、百科全书、色情故事。

普希金1813年14岁时写的《给娜塔丽亚》一诗，

洋洋洒洒，旁征博引，用典极多，涉及古希腊神话中的诸神和情节，公元前罗马禁欲主义哲学家凯图，土耳其、苏丹以及大量法国作家、戏剧家作品中的人物。这足以说明普希金14岁之前，就已读了很多的书，了解了很多前人的作品。

俄国优秀的教育家吉莱当年曾对人说起过儿童普希金，他说："多么奇怪的孩子呀！他那么小就什么都开始懂了。"

对文学作品大量的、持续的阅读，经常会引发一个人的创作欲望。许多诗人，作家在谈及自己最初走上创作之路的契机时，都证实了这一点。普希金的弟弟列夫说，普希金"从懂事起就表现出对诗歌的爱好"。诗人自己也不止一次地提到，他的创作欲望产生得很早。他曾在诗中写道："……幼时缪斯便爱上了我"，"她俯身在我儿时的摇篮上／微微呼出芳香的气

←偷法军大炮的俄罗斯农民

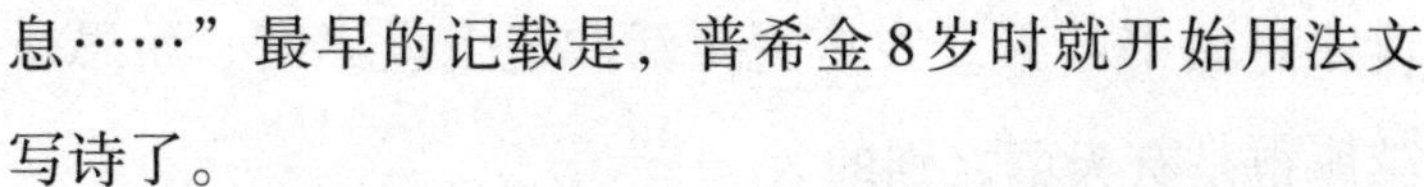

息……”最早的记载是，普希金8岁时就开始用法文写诗了。

诗人儿童时的诗歌作品，大都留在来访的女郎们递过的纪念册上。在别人的纪念册上题诗，是那时俄国诗人的一件雅事、时髦。儿童普希金从不拒绝女郎们的要求，他喜欢女人，特别是漂亮的女人。漂亮的女人展示出一种无庸置疑的美，拒绝美不符合儿童诗人普希金的天性。没有人吓唬他说，漂亮的女人是“老虎”，或者羞辱他喜欢漂亮女人的行为。他甚至恨自己太小，不能在题诗之后，像大人们那样，与那些漂亮的、轻佻风骚的女人们拥抱。他那时所题写的诗句，大都是对帕尔尼、伏尔泰等法国诗人作家们的作品的模仿，有的干脆就是他们的诗句和格言。可他的伯父、当时著名的诗人、被誉为“诗歌教授”的瓦西里，已笃笃认定：他的这个侄子有诗人的天赋和才华！在普希金向一位诗人成长的岁月中，瓦西里起到了十分大的作用，因此成年后的普希金称他为“我的诗父”。

书籍作为人类智慧、人类思想的珍存者，它的功劳和“罪过”都在于，它能使阅读者复杂起来。中国古人说“读书可以明理”。即便做不到“明理”，但起码不至于十分愚昧。读书、读得进去书的人与不读书、读不进去书的人，在审视生活和这个世界时，所思所感所得是有天壤之别的。

普希金一家经常在春夏时节，到莫斯科郊外的庄园中去度假。那是外婆祖上汉尼拔的领地，叫扎哈罗沃。扎哈罗沃庄园是一处古老石碑林立、遍布历史遗痕和故事的土地，曾住过大贵族，曾有过行宫，曾接待过彼得大帝。在那里，生长着成片的椴树、槭树和白扬，绿色的草地伸向沟底和远方，浓荫下的湖水清澄碧透，在风的吹拂中泛着粼粼波光。普希金惊异、欣喜地饱览着这里的大自然，就像过着他自己的节日。就在这片土地上，在普希金之后不久，又一位优秀的俄国作家成长起来，他叫赫尔岑。他如此描绘俄罗斯旷野美丽的风景："我们那无边无际的草原覆盖着平坦的绿茵，看了真令人心旷神怡；在我们那坦荡如砥的大自然里，

←普希金外婆的庄园扎哈罗沃

有一种恬静的、信任的、坦白的情调，在俄国人心中勾起亲切的回响。”——这正是儿童普希金的视觉感受和印象。虽然当时他还描绘不出来，可他用全部的情感“吞”下去了，成为他日后的财富。

与这美丽的一切形成鲜明对照的，是那里农奴制度下的另一种景观，是那些没有自由、牛马一样劳作的人们。在扎哈罗沃庄园，儿童普希金第一次亲眼看到了农奴。他们甚至无法和奶娘阿丽娜、男仆尼基塔比，他们是最底层的农奴。儿童普希金目睹这一切，很自然地又一次想到了“放鸟节”，想到那些被农奴们放飞的小鸟，还有书中写到的那些海盗、起义者、造反的奴隶、绿林好汉，甚至还有姐姐奥尔佳说的：我宁肯去上吊，也不求饶……

↑克里米亚的疗养地古尔祖夫

相关链接

XIANGGUAN LIANJIE

《别尔金小说集》

《别尔金小说集》是普希金的第一部完整的小说作品。作品创作于1830年的“波尔金诺之秋”，是作者借助已故的青年贵族别尔金的名义发表的。

短篇集共收入《射击》《暴风雪》《棺材店老板》《村姑小姐》和《驿站长》5篇。通览全书可以发现，普希金在作品中表现了不同的艺术风格，有浪漫主义的，如《暴风雪》，贵族小姐玛利亚与贫穷平凡的小军官弗拉基米尔真心相恋，却遭到家人的强烈反对，一对恋人不顾世俗的看法，在一个暴风雪的夜晚大胆私奔，但却因为大风雪的阻隔阴错阳差地没有结合。作者在故事的结尾出人意料地给了主人公一个另外的真爱的归宿，使守身如玉的玛利亚与从战场上归来的贵族士官布尔明喜结连理。虽然整部小说的故事情节很曲折，但依然充满了浓厚的浪漫主义色彩。还有幽默的《村姑小姐》同样是一篇浪漫的小说。女主人公丽莎活泼可

爱，爱上了父亲的死对头别列斯托夫的儿子——受过大学教育的阿历克赛。聪明的丽莎为了赢得自己的爱情，扮成一个普通的村姑与心上人谈情说爱。从此，游走于贵族小姐和村姑两个角色之间，庄重又不失体面，最后有情人终成眷属。《别尔金小说集》中感伤主义最浓烈的要属《驿站长》。主人公普通的驿站长萨姆松·维林与自己的宝贝女儿冬尼亚艰难维持着驿站的生计，聪明可爱的冬尼亚善解人意，能为老实的父亲平息一次次客人的怒火。但这样平静的生活却被路过的军官明斯基打破了。他骗走了驿站长唯一的女儿，从此驿站长痛苦不堪，贫困潦倒，几次寻女无果，郁郁而终。《别尔金小说集》中也不乏像《棺材店老板》这类荒诞幽默的佳作。城市手艺人阿德里安·普罗霍夫苦心经营着自己的棺材店，为了赚钱总是希望有人死去，商品偷工减料，以次充好。在小说的高潮中也是整篇小说最幽默诙谐的部分，棺材店老板梦见所有死去的人都来到他家做客。小说最终以主人公梦醒意外结局。

《别尔金小说集》向我们展示了19世纪20年

代俄国城乡生活的画面。它塑造了一系列的典型形象：贵族、军官、城市手艺人等等，表现出小说主人公的丰富的内心世界。其中《驿站长》一文成功的塑造了俄国文学史上第一个“小人物”形象，揭露了当时俄国社会最底层的人物的悲惨生活。正是因为这部小说体现了人道主义和民主意识，使得《别尔金小说集》在俄国文学发展史上起着里程碑的作用。

《别尔金小说集》在俄国文学的发展史上具有重要意义，不仅因为它是俄国批判现实主义文学的第一部作品，而且因为它对普希金同时代的及后来的作家们产生了不容低估的影响。作品中对现实生活的庸俗所表现出来的嘲讽，变成了果戈理笔下的辛辣讽刺；普希金的人道主义思想和民主意识及对“小人物”命运的同情、对专制制度的批判，在果戈理、陀思妥耶夫斯基、契诃夫等作家的创作中得到了继承和发展；而那简单严谨的作品结构、自然朴实的描写手法、简洁生动的语言，更使《别尔金小说集》成为现实主义作家学习、继承普希金现实主义风格的一所“好学校”。

“我要给世人歌唱自由”

20世纪90年代中国有一句流传甚广的话：
金钱不是万能的，但没有金钱是万万不能的。
套用这句物欲横流中的格言说：
自由不是万能的，但没有自由是万万不能的。
——作者题记

我们认为下述真理是不言而喻的：人人生而平等，造物主赋予他们若干不可让与的权利，其中包括生存权、自由权和追求幸福的权利。

——1977年美国《独立宣言》

普希金在一天天长大，这是无论如何无法漠视的事情。他那在自己的小圈子中活跃着的父亲，在繁华热闹的社交生活中乐此不疲的母亲，也想到：该给普希金请家庭教师了。

19世纪初的俄国，上流社会仍然以崇尚法国文化为荣，有身份的人都讲法语。（1805年一位身为俄国大法官的伯爵写道：“俄国是唯一一个忽视母语的国家”。

普希金对俄罗斯语言的巨大贡献，有理由被俄罗斯人世代铭记。）当时，在贵族高官们的家里，如果没有法国人家庭教师，那简直是不可思议的事情。法国家庭教师即便徒有虚名也可，点缀作用总是能起到的；就像许多中国够些派头的家庭，必须有几幅名人、半名人、假名人的字画，才显得风雅、“够档次”一样。

谢尔盖毕竟是诗人、学者，他没有像某些人家那样，是法国人就行，他先后为儿子请了两位法国家庭教师，一个叫蒙弗尔，是音乐家兼画家；还有一位叫卢斯洛，此人不但能教法语、拉丁语，写诗也显得颇具才能。此外，还有德国女郎拉厄尔玛、英国小姐贝丽……概括地说，为未来诗人所请的家庭教师，一个接一个，走马灯一样换个不停。

然而，不管这些外籍教师自身的素质、品位如何，他们无疑都进错了门——因为他们面对的是普希金，是一个见过了许多著名诗人、作家、艺术家的学生，一个亲耳聆听了许多精辟高论和振聋发聩之声的学生，一个在书籍的海洋中已独自遨游了许久、早已默默地领悟了许多奥妙的学生。所有的外籍教师，都不可能从普希金那里得到相应的专注与敬佩。这个既有极高天赋，又有极强个性，绝不肯压抑自己和虚与奉迎的学生，必然会使那些外籍教师心理失衡，难有愉快。

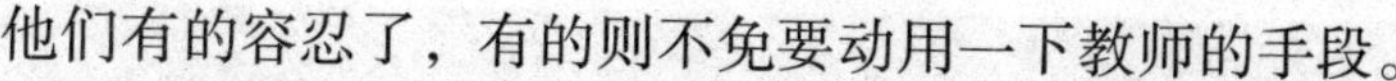

他们有的容忍了，有的则不免要动用一下教师的手段。

这时普希金的创作生涯，已经煞有介事地开始了，带着少年的天真和虔诚。他模仿法国诗人蒙布隆的讽刺长诗《亨利亚特新编》，写出了自己的长篇史诗《托里亚德》。一位女教师终于发现了可以作文章教育这个学生的机会，她认为普希金“做这种无用的事”是不能容许的，是他一向“不好好学习功课”的证据。疏于防范的学生，没有看护好自己的史诗，被女教师偷偷地拿走了诗歌簿。女教师把它交给了另一位男教师（法国人），并顺便陈述了自己的看法（如果不叫告状的话）。她找到了支持自己的同盟者。那个法国人拿过去读了几行，而后，便嘲讽意味十足地哈哈大笑起来……普希金感到受了莫大的污辱，他的作品，他的心血，他的劳动成果，居然被偷走，被粗鲁地嘲笑！他的姐姐奥尔佳回忆此事时写道：“于是，这位小作者大哭起来，感到自尊心受到了伤害，一气之下就把那部长篇诗稿投进了火炉。”

普希金在后来的自传提要中写道：“第一件不愉快的事是家庭女教师。”

无论英语还是德语，普希金小时候都没有学会。

在父亲的文学沙龙里，属于年轻一代的两位大诗人出现了：茹科夫斯基和巴丘什科夫。他们从普希金

←普希金、茹科夫斯基和果戈里

幼稚的诗作中，敏锐地感到了不可估量的前途。他们发现：这个少年的创作，体裁丰富多彩（有诗歌，也有小说、悲剧、寓言等等）；文笔流畅自如（无论法语还是俄语都相当纯熟，用词新颖独特）；而且，始终追求进步的思想观念（或者叫作“离经叛道”的观念）；他对自由的欢呼，对美丽的女人、美好的事物的赞美，大胆直率，天性毕呈。茹科夫斯基和巴丘什科夫，对普希金的早期创作都有相当大的影响。普希金也十分崇敬他们，日后，他分别为这两位诗人呈献过多首赠诗。

……有什么胜过幸福的爱情

一面爱，一面以竖琴歌颂

……

你无须吹起嘘人的哨笛

可以打击和嘲笑罪恶

这世上有足够的题材

值得你的笔去高歌!

(1814年《至巴丘什科夫》)

当您以崇高的心灵

向冥想的境界追求

您抚着膝上的竖琴

以急切的手指弹奏

……

(1818年《给茹科夫斯基》)

保罗一世被政变者杀死后，他知情的儿子亚历山大一世继位（1801—1825年在位)。按亚历山大一世的旨意，政府要开办一所新的贵族学校——皇村学校。

谢尔盖递上了申请，他很快便接到了允许他的儿子参加入学考试的通知。

伯父瓦西里带侄子到彼得堡去应试。这个最早肯定普希金创作天赋并致力于培养未来诗人的伯父，诗歌创作、文艺研究方面的名气，远比他的弟弟谢尔盖大。普希金对伯父的感情，也远在父亲之上。就在他们的彼得堡之行中，还有一件事给普希金留下了深刻的印象：伯父是与小美人安妮特一起去的。伯父爱这位小美人，与她同居，并且在普希金面前从不遮遮掩掩。普希金对小美人安妮特很有好感。瓦西里发现：这个12岁的男孩对漂亮的女人都喜欢。

普希金的入学考试成绩，既没有最优的，也没有不及格的。这位未来的大诗人，以中等成绩获取了入学资格。报名者38人，录取30人。得以入学实在说不上太难，只要能获得应试的入场券。

1811年10月19日，皇村学校举行了盛大的开学典礼。沙皇亚历山大一世亲自出席，似乎在进一步强调这所学校的贵族性，和它在俄罗斯无与伦比的高规格。

也就是在这个典礼上，亚历山大一世第一次看到普希金。沙皇大概绝对想不到，几年之后，这个普希金就会成为他不得不用心对付的人物。

皇村学校就在俄国的第二首都莫斯科的皇宫旁边，四周是著名园艺建筑大师设计建造的一所所花园，再远处是莫斯科郊外大片的旷野和丛林。30名清一色的贵族子弟，和思想倾向各异却无一不享有声名的教授，就要在这里汇融、交锋、演绎出未来俄罗斯的一幕幕历史。他们置身的舞台是正在风云变幻的世界，近景是正在动荡不安的欧洲。

1812年，拿破仑的法国与亚历山大一世的俄国开战，他们各有自己的同盟国，各为自己的利益让几百万军队卷入厮杀。俄军总司令库图佐夫元帅，应时成了俄罗斯卫国战争的英雄；当他喊出“俄国得救了！”的时候，普希金也正在为他的祖国热血沸腾……反击的俄军一直推到法国腹地，1814年欧洲反法联军攻陷巴黎，拿破仑签署了退位诏书，两个月后被流放厄尔巴岛（他1815年卷土重来返回巴黎，滑铁卢战役失败后，被流放于圣赫厄拉岛）。库图佐夫，拿破仑，两个英雄的名字，一次又一次地出现在普希金的诗中。他歌唱反抗入侵的勇士，欢呼奴役者的惨败。“战栗吧，暴君！你的末日已经近了／你将会看见：每一个士兵都是英雄”；那位自语着“啊，世界已经在我脚前戴上枷锁！”的拿破仑，诗人预言他“毁灭已临头顶／你还不知自己的命运！”（见1814《皇村的回忆》，1815年《厄尔

→库图佐夫元帅

巴岛上的拿破仑》）“自由”再一次向诗人放射出绚丽的光芒。

好几位未来俄国的诗人在皇村学校聚合了，他们是一长串名字：伊利切夫斯基、戴里维格，参加“十二月党人”起义的普辛和久赫里别克尔等等。与当局的意志不合拍的叛逆思想，日渐浓郁地弥漫在校园，它伴随的是官方一时还无从下手的文学创作活动。普希金与志向相投者结成了小团体，他们一边研读拉吉舍夫、杰尔杰文、茹科夫斯基的诗，一边喝着黑啤酒，关于农奴制、自由、俄国前途的话题，也便在唇枪舌剑中迸发出“危险的火花”……

官方通过学校机构使用着两种武器：一是“虔诚”的训导，二是密探。以教会的名义和规章制度的名义，严密监视、控制学生的思想动向，用各种办法鼓励互相告密。一些身份特殊的教职员应运而生。副校长兼教务和训导主任皮列斯基，就是这类人的典型代表。他是虚伪、专制、奴役、卑鄙的化身。普希金仿佛天生就是与这种人为敌的，他不可能对皮列斯基表现得俯首帖耳，甚至连稍稍的顺从也做不到。他的同学高尔夫男爵在他的《回忆录》中写道：“……普希金不忍受对他的种种约束，他经常和他的一些酒肉朋友去吃喝玩乐……”皮列斯基当然也不会听之任之。他与普希金等学生的冲突日益尖锐。这个“禁欲主义者”和一切伪君子一样，外表一本正经，心里却渴望着女人。每当有女客来访，他总要议论一番。对来校探视的学生们的姐妹、女性亲属，此人表现出的温柔和亲昵，肉麻得令人作呕。

普希金发动了一场小小的“学生运动”，把一些有不满情绪的学生召集到礼堂，把皮列斯基也叫去，向他发出通牒：要么你离开皇村学校，要么我们自动退学。事情闹大了，当局也感到皮列斯基太不成器，这样的密探已难再发挥什么作用，就授意他离开，去彼得堡警察局当了侦缉处长。

天性率真、抗拒压抑的普希金，在爱情上光明磊落得让皮列斯基之流既痛恨又嫉妒。这位情窦初开的少年，心中时时激荡着自由、诗歌、爱情。学校就在皇宫旁，宫中一位女官的手下，有一个叫娜塔莎的侍女，美丽而又聪慧，十分可爱。普希金寻找一切机会接近她，在暗中一次次地与她拥抱。一天晚上，在娜塔莎的门口，普希金听到暗影中裙子的声，便认定那是他的“心上人”。他悄悄地近前，像以往一样，一把抱住了那个散发着热气的身体，并用嘴巴去寻找对方躲来躲去的嘴巴。这时，门突然打开，一束光照亮了他所拥抱的女人——那不是女官的侍女娜塔莎，而是已满脸皱纹的女官本人！……此事传到了皇帝那里，因为女官告了状，说自己受了污辱。沙皇招来校长英日哈尔德："这是怎么搞的？你的学生已不满足于从栅栏上爬来偷偷摘我的苹果……他们竟追逐起我宫中的女官了！"在校长的开脱下，沙皇放弃了鞭打普希金的处罚，说："好吧，让他写一封正式的道歉信。"实际上，沙皇觉得这件事很有趣儿，他悄声对校长说："小伙子弄错了拥抱的对象，说不定老太太会为此暗中高兴呢！但这话只能在你我之间说说，不要外传。"

普希金就这样，既关注祖国，也关注爱情；既对拿破仑、库图佐夫有兴趣，也对美丽的女人着迷。这才是真实的普希金，正常人的普希金，坦然无遮的普希金。他在6年的皇村学校生活期间，写下了大量的诗作，其中有许多爱情诗，都是给具体的女郎们写的情歌。如《给娜塔莎》：

……亲爱的娜塔莎！你在哪里？
为什么看不见你？
和心上的人共度片刻
难道你也不愿意？
……
很快地，很快地，那寒冬

就要拜访田野和树丛
在烟雾弥漫的农舍里
不久就会把炉烧红
我看不见心上的姑娘
像小鸟在狭窄的笼子里悲伤
……

在保存下来的诗人最早的诗作中，第一首就是写于1813年的《给娜塔丽亚》。娜塔丽亚是皇村剧院中的一位农奴女演员，她容貌娇美妩媚，身体丰满迷人，皇村学校的好几个学生都暗暗地喜欢她。普希金在给她的献诗中写道：

娜塔丽亚，我承认
我心里满是你的倩影
这还是初次，让我害羞地说
女人的美迷住我的魂灵

可是，娜塔丽亚是一个不能支配自己命运、没有自由的女奴；普希金自己呢？“娜塔丽亚啊，我……是苦修僧！”——皇村学校规定，学生不得随便离开校园。诗人把学监无所不在、清规戒律多多的学校比作

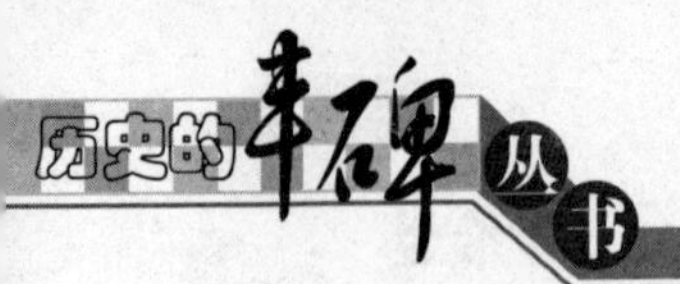

寺院，而他则无奈地成了“苦修僧”。

自由不是抽象的概念。如果生存空间中充满强权、监视、告密，如果人的个性被扭曲，正常的欲望被禁锢，起码的权力被剥夺，“自由”就是一句空话。普希金从拉吉舍夫和法国启蒙主义者的著作中接受的进步自由思想，已到了经受风雨的考验日益繁茂的季节。

监视和限制不能完全阻止普希金去享受个人的自由。他不放过任何可以溜出校园的机会。他与近卫军中的许多年轻军官成了朋友。他结交一切情投意合的人。书本之外丰富的社会生活、世态百相、民情众愿，都潜在地影响着他日益成熟的思想和创作。

在他自小崇敬的作家、历史学家卡拉姆辛家里，他结识了骠骑兵少尉恰达耶夫。这位仅比普希金年长5岁的青年军官，是19世纪俄国进步哲学和政治

←皇村学校

思想的代表人物，思想家，辩证法专家。他们一见如故。将他们亲密地维系在一起的，是一种共通的信念和追求，就像拉·沃·爱默生宣喻的那样："我必须做的是一切与我有关的事，而不是别人想要我做的事。这条法则，在现实生活和精神生活中同样都是艰巨困难的。它是伟大与低贱的整个区别。"普希金的思想倾向，普希金的个性特点，普希金天才的文学才能和超群的诗歌创作，使恰达耶夫对这位诗人产生了由衷的好感。恰达耶夫和他的朋友们有个团体，那个团体中的成员，都对农奴制和沙皇的专制暴政怀着不可调和的仇恨。这一切，都对普希金产生了极大的影响。

呼吁废除农奴制解放农奴、改专制政体为民主宪政的呼声日益高涨。反对沙皇统治的政治势力，未来的"十二月党人"，已在孕育之中。满脑子"叛逆思想"的普希金，势必将以诗人的敏锐成为革命者的代言人。

据1825年的资料统计，俄国共有4000万人口，其中有37万是农奴。农奴的悲惨境遇，从下面的事实就可一目了然：在当时的官方报纸上，经常可以看到公开出售农奴的启事，而且是与马车、奶牛、鹦鹉……在同一则"出售启事"中！一匹良种马，2000卢布；

一个男性农奴，300至400卢布；一个没有特殊专长的女奴，只值100到150卢布。上层统治者和贵族老爷们，把农奴当牲畜和物品一样随心所欲地出售和使用。有一个叫伊斯马依洛夫的贵族，专门建造了一个“藏娇宫”，内藏众多他抢来的和买来的13—16岁的农奴美女，供他的客人们享用。1812年俄国对法战争的胜利，人们欢欣鼓舞了一阵子，相当一些进步贵族、知识分子产生了美好的希望，以为这是一个契机，沙皇会让人民摆脱受奴役的地位。然而，光荣的战争之后，俄国一切如故……

1817年，《自由颂》作为雄壮、勇敢的叛逆诗的先河，不可扼制地从普希金的笔下诞生了。这首诗在诗人生前从未得以发表，却一直以手抄本的方式广为流传。它将俄国伟大诗人的声音，播向俄罗斯辽阔的疆域——

我要给世人歌唱自由

我要打击皇位上的罪恶！

《渔夫和金鱼的故事》

这是一首童话叙事诗，诗中讲述了一位老渔夫的妻子贪得无厌、永不满足，对知恩图报的金鱼提出越来越高的要求，最后一无所得的故事。全诗鞭挞了那些凶狠、贪婪、不劳而获的人，同时也批评了老渔夫对丑恶行为的姑息、忍让和他的软弱无能，启示人们：美好的生活要用自己辛勤的劳动去创造。

诗的开头，写一个老渔夫和他的老婆住在大海边“一所破旧的小木房”，生活十分穷困，渔夫每日到海边去打鱼。

这一天从早到晚，他一次又一次地撒网，网网落空，最后捞上来一条小金鱼。小金鱼向渔夫苦苦哀求：“放了我吧，老爷爷，把我放回海里去吧，我给你贵重的报酬。为了赎身，你要什么我都依。”渔夫没有提任何要求就把小金鱼放回了大海，然后拖着空网回了家。

他的老婆正坐在破屋前用破木盆洗衣服，看

到渔夫空手而归，便责问为什么一无所获？渔夫讲了如何捕到小金鱼后又将小金鱼放归大海的情形。老太婆听了，训斥他说："你为什么不向她要一个新木盆呢？我们的洗衣盆已经破了。"

第二天，渔夫来到海边呼唤小金鱼。小金鱼游出海面。渔夫对她说："我的老婆让我要一个洗衣盆。"小金鱼回答说："你回去吧，你们会有新木盆的。"

渔夫回到家里，老太婆已经坐在一个崭新的洗衣盆前洗衣服了。看到渔夫回来，她不但没有因为得到木盆而满意，又接着训斥："你没看到我们的小木房又破又烂，你应该去向她要一间好房子。"第二天，渔夫又来到海边呼唤小金鱼，小金鱼游出海面后，渔夫将老太婆新的要求告诉了她。听完渔夫的讲述，小金鱼说："你回去吧，你们会有一座好房子的。"

渔夫打完鱼回到家里，看到老太婆已经住在一栋崭新的大房子里了。但是，老太婆还是不满足："我们为什么不能住在宫殿里呢？你回去对小金鱼说，我要当国王。"渔夫没有办法，又来到大海边呼唤小金鱼。渔夫告诉她，老太婆要当国王，

要住在宫殿里。小金鱼摇着尾巴说："你回去吧，你们会有宫殿的。"

当渔夫回到家里时，老太婆已经当上了国王，住在金碧辉煌的宫殿里。然而，她还是不满足："我还要当高高在上的女皇。"渔夫在老太婆的训斥下不得不又一次来到海边，小金鱼听完渔夫的话，回答道："好吧，你回去吧，她现在已经当上女皇了。"

渔夫回到家里，老太婆已经成了女皇，在巍峨的宫殿里坐在高高的宝座上。然而，老太婆还是不满足，她训斥渔夫："你赶快回到海边去，告诉小金鱼，我要当海上的女霸王，我要让小金鱼每日侍候我，听候我的吩咐。"渔夫无奈地回到大海边。这时的大海乌云笼罩，波涛滚滚，经过久久的呼唤，小金鱼才露出海面。渔夫说："老太婆要当海上的女霸王，还要让小金鱼每日来侍候她，听候她的吩咐。"

这一次，小金鱼什么话也没说，尾巴一划，就沉入了深深的大海。

当老渔夫从海边回来时，他看到的"仍旧是那所小木房"，老太婆面前"还是那只破木盆"。

外交部的十品文官

真正的诗人，永远与人类的良知同在

未来的希望，孕育在优秀的人们生活的土地上

——作者题记

若要在死后尸体腐烂时不被人忘记，

要么写出值得人读的东西，

要么做些值得人写的事。

——富兰克林

皇村学校是沙皇亲自授意办的，它培养“俄国新一代”的宗旨和真实目的，是任何华丽的饰词都遮不住的。

普希金无疑是最违背官方意志的被教育者。可历史偏偏让普希金成为皇村学校最大的自豪和荣耀。

1814年还在皇村学校时，普希金就十分清楚地意识到，他的思想，他的追求，他所具有的才能，是无助于受宠得势和获取功名利禄的。他在《致诗友》一

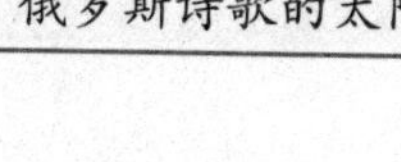

诗中写道：

……

为了桂冠，你跑上了危险的途径

你居然敢和严刻的批评交锋

……

亲爱的朋友，作家可不这么有钱

命运既不给他们大理石的宫殿

也不给他们金条把铁箱装满

……

此诗创作于1814年，是诗人首次公开发表的第一首诗。他对自己选择的道路十分清醒，在清醒中义无反顾。

由于普希金在皇村学校不得随意外出，文坛的一些重要人物就“屈尊”去学校看望他。最先去访问诗人的，就是普希金儿时敬佩的巴丘什科夫；而后又有诗坛巨匠茹科夫斯基，大名鼎鼎的卡拉姆辛以及维亚泽姆斯基和伯父瓦西里等。

诗人在迅速成长。他迎来了一次又一次向世人证明自己非凡天才和杰出才能的机会。1815年1月8日，皇村学校举行了一场隆重的升级考试。杰尔查文，这位俄国诗坛当时的泰斗人物，以75岁的高龄拖着带病之躯，出现在这个盛大的场面中。普希金在加利奇副教授的鼓励下，当场朗诵了他的《皇村的回忆》。160多行的长诗，庄严、瑰丽，那才华横溢的诗情，典范而又创新的语言，和谐优美的韵律，铿锵有力的节奏，藉以普希金澎湃激昂的声音，完美地表现出来；它忽而潜入深邃的沉思，忽而昂扬起凯歌般的嘹亮，鼓荡起在场每个人激越的情感。诗中被赞美到的“俄罗斯的灵感的歌手”——老诗人杰尔查文，难抑发自内心的叹服，一扫垂暮之年的老态和慵倦，有记载说：“赞喜不已的杰尔查文从沙发椅上站起来，向少年诗人垂下白发苍苍的头，想去拥抱他……”

当天，皇宫大臣举行正式宴会，谢尔盖作为成绩优异的学生家长应邀出席，再次晤面杰尔查文。一年半后的1816年7月8日，老诗人即与世长辞。弥留之际杰尔查文对在场的人说：“世界上就要出现第二个杰尔查文，这人就是普希金。他还在皇村学校读书，可他已经胜过了所有的作家。”

1817年6月9日，皇村学校首届学生毕业。按官方的规定，普希金以十品文官衔，进入外交部工作，当薪为700卢布。

当时，在国际上，欧洲各强大的君主组成了“神

圣同盟”，俄国沙皇亚历山大一世也在其列。“神圣同盟”规定：任何国家发生人民解放运动，各结盟国均可介入予以武装干涉。在国内，教、权合一的高压政策，将利剑高悬在民众的头上。为了塞民之口，为了禁锢进步知识分子的声音，从而保持统治者需要的“安定”，疯狂的新闻检查制度，达到了无孔不入的程度——这就是18岁的青年诗人踏上社会的可怕世界，就连俄国最温和的保守知识分子尼基琴柯，也在他的《日克》中如此慨叹：“我们现在的社会呈现出悲惨的景象……到处是暴力和暴虐，到处是约束和限制，贫乏的、不幸的俄罗斯灵魂，在哪里有自由？这种状况何时才能终结呢？”

在反动当局和各个进步团体之间，普希金理所当然地选择了后者，站在了争取民主和自由解放的阵营

→外交部大楼，普希金曾在这里任职十等文官。

中。进步的“叛逆思想”加之天才的创作才能，使普希金拥有了最令黑暗势力恐惧的武器。他要唤醒那些因被长期奴役而麻木的心灵，给那些心灵以甘霖，以慰藉，让千千万万的俄国人民意识到：他们应该生活在自由和欢乐之中；他们每个人，都有在蓝天和大地间做人而不是做牛马的权力！

俄国是幸运的，因为俄国有一大批优秀的知识分子。他们是专家、学者、教授、诗人、作家、艺术家，有的同时又是政府官员、近卫军军官，有的成为后来的“十二月党人”，直接参加了1825年反对沙皇专制政体的武装起义。在这些人中，俄国启蒙运动的代表人物、哲学家恰达耶夫，更强烈地吸引着普希金。1818年，鼓舞人们为自由而战的《致恰达耶夫》问世，并很快在各阶层中秘密地流传开来——

我们不安地为希望所折磨
切盼着神圣的自由的来临
就像是一个年轻的恋人
等待他真情约会的一刻
朋友啊！趁我们为自由沸腾
趁这颗正直的心还在蓬勃
让我们倾注这整个心灵

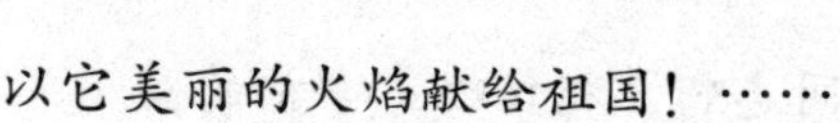

以它美丽的火焰献给祖国！……

很显然，普希金是把“祖国”与沙皇统治下的俄国严格区分开来的。号召推翻现政权的人不一定就不爱国，而为腐败罪恶的政权涂脂抹粉的人，才是地道的祸国殃民者。恰达耶夫本人说得更为精当：“爱祖国——这是壮丽的事情，然而还有更壮丽的事情，那就是爱真理。我并不想学会带着闭上的眼睛、崇拜的大脑、封上的嘴巴来热爱祖国。”伟大诗人、作家与“御用文人”的一个本质区别就是：后者已完全丧失了知识分子的独立品格，成了依附权柄的爬藤，当权者的尤物；而前者则是恪守独立品格的大地之子，始终与人类的良知同在，弃绝趋炎附势的乖巧，表现出超越个人利益得失的博大胸怀。普希金出身贵族，就读沙皇“御批”的皇村学校，身为沙皇政府的外交部官员，家族有庞大的庄园和众多的农奴，是确实的“既得利益者”。他似乎更有理由对现政府阿谀，对当权者溢美。然而，他发出的却是颠覆这一切的呼声！面对陷俄国于黑暗之中的政体，面对毫不人道的农奴制度，这位真正的诗人，这位要比庸人看得更远的预言家，在同一首诗中预言道：

同志啊，相信吧：幸福的星

就要升起，放射迷人的光芒

俄罗斯会从睡梦中跃起

而在专制政体的废墟上

我们的名字将被人铭记！

这又是一首使沙皇“震怒”的诗。虽然诗人因诗作而罹难的日子尚未来临，但沉闷和压抑的气氛已使他感到呼吸困难了。在外交部公职人员的假期里，普希金离开彼得堡，去了乡下。他要换换空气，以使自己有较好的心情，继续《鲁斯兰和柳德米拉》的创作。这部长诗，他早在皇村学校时就已动笔了。

莫斯科西部普斯科夫省奥玻切茨县的森林，环绕、掩映着一大片庄园，人们习惯地叫它米哈依洛夫斯克村。这片庄园是普希金的外婆从祖上继承下来的遗产。诗人来到这片山清水秀、静谧安详的大自然中，心情十分舒畅，“群山，草地，菜园中绿荫如盖的槭树，荒野里小河的河岸……”这是普希金1819年草草记述下来的“乡村风景”笔记。在这里的三山村，他结识了女主人奥西玻娃，这个读了许多书、聪明而有教养的女人和她的女儿们，热情地欢迎普希金，彼此相处得十分快乐。诗人在幽静的田园风光中，埋头写作长诗

→长篇叙事诗《鲁斯兰和柳德米拉》插图

《鲁斯兰和柳德米拉》。

可是，每当他抬起头眺望窗外，眺望平展无边的草原林丛，"农奴制"就像一块长在美丽的祖国母亲脸上的烂疮，令他痛心疾首，坐卧不宁。

回到彼得堡，诗人依然无法忘怀让他心痛的"乡村"，眼前时常浮现那些农奴的影子。他的新朋友尼·屠格涅夫所进行的解放农奴的宣传活动，社会上围绕这个话题展开的秘密讨论，有志之士们的种种努力，激起了普希金要为此而歌的强烈欲望。就这样，《乡村》诞生了。它以鲜明的对照描绘含孕主题，一面是风景如画的乡村风光——

……

这广阔的绿野，洋溢着禾堆的清香
一些明澈的小溪在树丛里潺潺流淌
无论放眼哪里，我都会看见生动的画面：
这里是两片湖水，平静无波
蔚蓝的水上，偶尔有渔船的白帆闪过
湖那边是起伏的丘陵，庄田错落
远处散布着稀疏的农舍
在湿润的湖岸，成群的牛羊在游荡
谷场飘着轻烟，半空旋转着磨坊的风车
……

一面是“受尽折磨的农奴”悲惨的命运图——

……
在富庶的田野和丘陵
谁关心人类的命运都会悲悯地看见
到处是愚昧的令人痛心的情景
……
这里的奴隶听从无情的老爷的皮鞭
伏身在别人的犁上，被牵以绳索
瘦弱不堪地苟延残喘
……

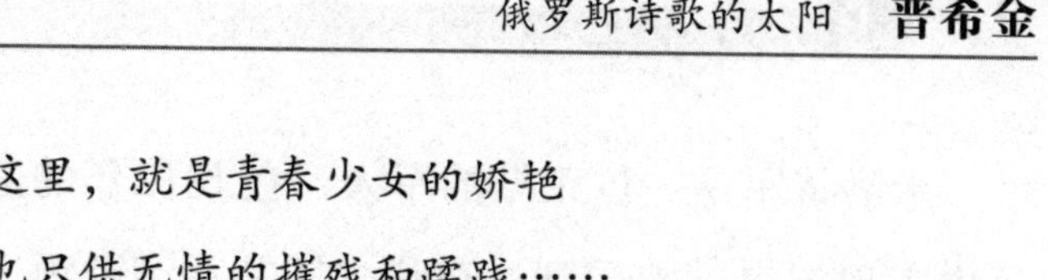

这里，就是青春少女的娇艳

也只供无情的摧残和蹂践……

诗人以公民的愤怒和优秀知识分子的痛苦，向世界发出了深刻的人道呼声。伟大的俄国蒙受着农奴制的污垢，美丽的乡村风景被置于非人道的践踏、蹂躏之下……研究者们认为，此诗是“十二月党人”思想的第一份宣言书，要比秘密社团的一切章程和纲领都深刻有力得多，至今仍回响着英雄时代的声音。而在艺术上，它是“俄国优秀抒情诗的范例之一”。

从《自由颂》到《致恰达耶夫》到《乡村》，在当时无一公开发表过，却无一不被人们手抄口传，秘密地到处播扬。伟大诗人的声音，为政治反对派聚合起越来越密集的队伍，激荡起越来越澎湃的反抗涛声。沙皇专制机构开始密切注意，普希金无情嘲讽、揶揄过的反动官僚和无耻文人，也终于等来了报复的时机。告密信一级一级，直传到最高当局。沙皇亚历山大一世，要亲自为处理普希金下“圣旨”了。这个从前皇村学校的学生，这个现在外交部的十品文官，居然用“大逆不道”的诗歌，鼓动人们推翻他的政权！亚历山大一世命令彼得堡的总督米洛拉多维奇将军：搜查普希金的住所，并逮捕他！

米洛将军是一位正派的军人，在1812年的卫国战争中表现突出，曾受到过茹科夫斯基写诗赞颂。对普希金这个名字，他不但十分熟悉，而且还在剧院的大厅里见过其人。他不一定赞同普希金，但这位将军敬重诗人，他决意温和从事。

其他黑手开始伸向普希金。一个化装的密探，找到普希金的仆人尼基塔，求他给搞一份少爷的诗作以便“拜读”，允诺付50卢布（有的资料说是500卢布）的酬金。尼基塔拒绝了密探的引诱。他不肯为卢布出卖普希金。不仅因为普希金是他的主人，更主要的是普希金是他爱戴的诗人。当天晚上，得知这一消息的普希金，销毁了所有的手稿。次日一早，警察局的传票就到了，让普希金立即到总督那里去。

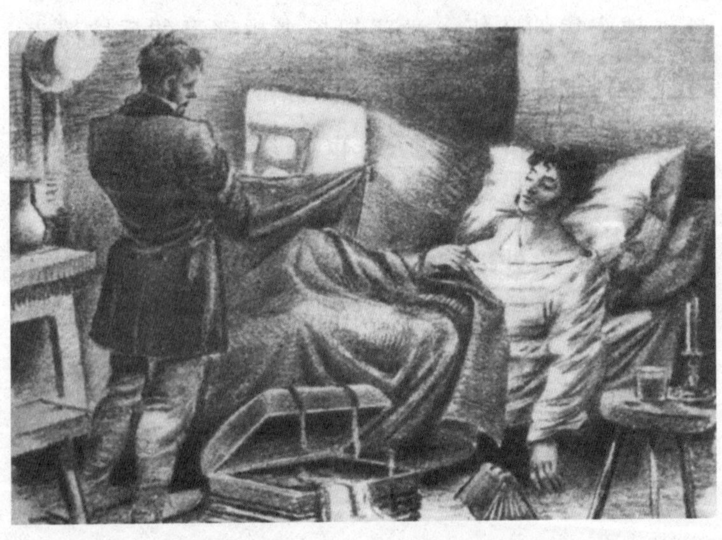

←普希金在叶卡捷琳诺斯拉夫患病期间

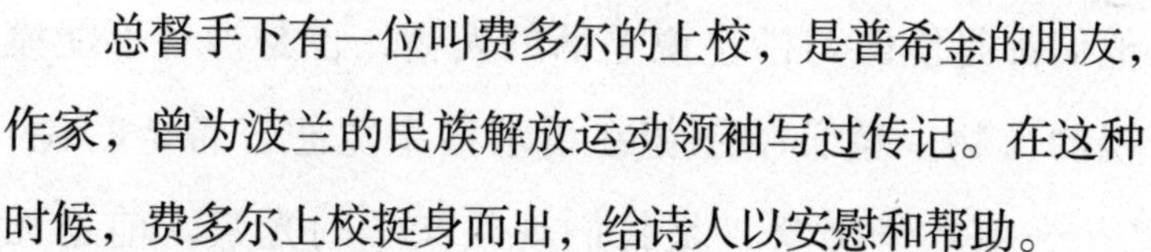

总督手下有一位叫费多尔的上校，是普希金的朋友，作家，曾为波兰的民族解放运动领袖写过传记。在这种时候，费多尔上校挺身而出，给诗人以安慰和帮助。

将军直言不讳地告诉普希金：皇上命令逮捕您。但我想还是先请您到我这儿来。言外之意，他想尽可能地给诗人以帮助。普希金光明磊落的人格，普希金十足的诗人气质，使他不能对这样的信任无动于衷。他也开诚布公地据实以告：那些流传甚广的诗的确是他写的，诗作手稿已焚毁；但我不想让您为难，我可以在这里把它们都写出来。将军还从未见过这样的受审者！

诗人普希金果真把《自由颂》等诗篇一一写出。

“普希金高尚的言谈举止，十足的骑士作风，令我敬佩！”——将军冒着触怒沙皇的风险，向沙皇表达了他的真实情感，并请求沙皇赦免普希金。

沙皇亚历山大一世并未照准。他要把诗人流放到遥远荒凉的西伯利亚去。

许多诗人、作家、学者和上层社会有影响的人物，开始营救普希金。

外交部的长官之一卡波季斯特里亚，《俄罗斯帝国史》的作者卡拉姆辛，诗坛巨匠、宫廷教师茹科夫斯基，皇村学校的校长英日哈尔德，近卫军司令瓦西里契科夫……营救诗人的阵容之浩大，令最高当局吃惊！

他们都是能够与沙皇说上话的人物，也是沙皇不能漠视的人物。英日哈尔德在请求沙皇宽恕普希金时说："……他才华出众，是我们现代文学的光荣，前途无量。流放将会给这个年轻人以致命的打击。"

沙皇在强大的舆论影响下不得不作出的重新决定是：改流放西伯利亚为南方省份。

在南方管理移民事务的是德高望重的英佐夫将军。在营救普希金的人中，有他的多位朋友。最后执行的流放决定是：将普希金派遣到英佐夫将军那里去，作为编外人员留在将军手下，直到另有调遣为止。

这是许多优秀的人们共同努力的结果。这些保护诗人的营救者们，为得罪了沙皇的普希金，争取到了最好的流放方式和流放地。以普希金政治流放的身份，总要指定一个监视他的上司，这是不可避免的。那么，让他置于英佐夫将军的监视之下，无疑是不幸中的大幸。后来的事实证明了这一点，很难设想，如果当初普希金被流放到西伯利亚，他将面对怎样的命运，俄国还会不会有一位因日后的作品而成为"俄罗斯文学的太阳"的普希金。

他们营救了俄国未来的骄傲。

《黑桃皇后》导读

普希金喜欢赌博，他所有的稿酬都流到牌桌上去了，他作为赌客的名声不次于他作为诗人的名声。一次，他的朋友弗拉基米尔·德米特里耶维奇·戈利岑公爵跟他说到一件事：有一天他输得很惨，便去向他祖母要钱。但祖母并没有给他钱，只告诉他三张牌，那是她在巴黎时著名冒险家圣日尔曼伯爵传授给她的。“去试试看吧！”祖母说。于是他就拿这三张牌下赌，结果把输掉的钱全都赢了回来。戈利岑公爵的逸闻激发了普希金的灵感，让他创作出了《黑桃皇后》。

《黑桃皇后》的故事发生在18世纪末的彼得堡。原籍德国的青年军官格尔曼喜欢看别人赌博，但自己从不参与。一天，一位叫托姆斯基的牌友跟他聊起，他的祖母安娜·费多罗芙娜伯爵夫人年轻时在巴黎，一次在宫廷里打牌，输给了奥尔良大公，还欠下一大笔债。于是她向圣日尔曼伯爵求援。伯爵教给她连续取胜的三张牌，结果她不仅把自己输出去的钱全部捞了回来，还帮她的一个将家财挥霍精光的儿子也赢了钱。

格尔曼富有野心，又工于心计，是个拿破仑式的人物。他一心想发财，觉得若能得到这老太太三张牌的秘诀，是一条捷径。于是他便利用伯爵夫人的渴求他爱情的养女丽莎，进入她的房室，要她告诉他这秘密。尽管伯爵夫人跟他说："我能向您发誓，这是个玩笑！"他仍然用手枪威胁她，使她最后在他的枪口面前被吓致死。

失去丽莎的爱，从伯爵夫人那里回来，格尔曼神魂颠倒；酒后睡下醒来已是深夜。他仿佛看到伯爵夫人的幽灵飘然而至，并且告诉了他这三张牌的秘密：三、七和爱司。后来，他用三和七参赌，果然使他连续赢了两局；可是当第三局他翻开自己的牌，兴奋地以为自己"爱司赢了"时，对方告诉他："您的Q黑桃皇后输了。"使他简直不相信自己的眼睛，弄不明白，他怎么会抽错了牌。"这时，他觉得黑桃皇后眯起了眼睛，露出了冷笑的神情。这种极不寻常的相似令他大惊失色……'老太婆！'他惊恐万状地叫了起来。"

格尔曼疯了……

俄罗斯的南方是大海

我从这里看到了急水的源头
和那惊人的雪崩的初次颤抖
——普希金《高加索》

西接欧洲东连亚洲的俄罗斯南方，交织纵横着著名的三大水系——伏尔加河、第聂伯河、顿河。这些流淌在俄罗斯南方大地上的河流，见证了沿岸各民族的繁衍生息，以及那些交融着鲜血和泪水、痛苦与欢乐、呐喊与悲歌的历史。它们负载着时光和岁月，注入波涛起伏的里海和黑海。

1820年5月，俄罗斯的儿子普希金离开首都彼得堡，告别了那里的朋友，满怀惆怅地踏上了流放之路。四轮马车在炎炎烈日下疾疾地行驶，经由设在茫茫旷野草原上的一个个驿站，在马粪味儿、汗臭味儿、泥土味儿中摇晃着车上的诗人，10多天后抵达了他的第一个流放地——第聂伯罗彼特罗夫斯克。

普希金的身边，只有他忠实的仆人尼基塔。“莫愁前路无知己，天下谁人不识君”，中国唐朝的边塞诗人高适曾以这样的诗句宽慰他的朋友董大。而这样的诗句用于普希金，却显得再合适不过了。爱文学、爱艺术、爱诗人的俄罗斯民族，在所有的土地上都向普希金张开了热情的怀抱。那么多有良知、有品位、素质优秀的人们，在尽自己的所能，切实地关怀呵护着自己民族的诗人。

英佐夫将军以父辈的慈爱和宽厚，接见了被放逐到自己手下的普希金。他是苏沃洛夫和库图佐夫的战友，参加过翻越阿尔卑斯山传奇式的行军及许多历史性的战役。他不但是一位受尊敬的将军，而且熟悉文学艺术，自己年轻时写过诗，并在漫长的军人生涯和政治生涯中，从未菲薄过文学艺术。向他报到的普希金，向他交上了公文和一个附件。将军把公文放到一边，打开了与普希金这个“政治流放者”直接相关的附件。

附件中的文字，充满了对普希金的关怀和同情，赞美诗人“异乎寻常的天才”和“热烈的想象力”。其中，对普希金那些“叛逆诗”的评语，极具专业化的精辟，在既要让沙皇通过又不想辱没诗人的两难中，表现出高超的智慧和耐人寻味的婉转——

“某些诗歌作品，尤其是关于自由的颂诗，引起政府对普希金的注意。他的诗尽管构思与风格都极其优

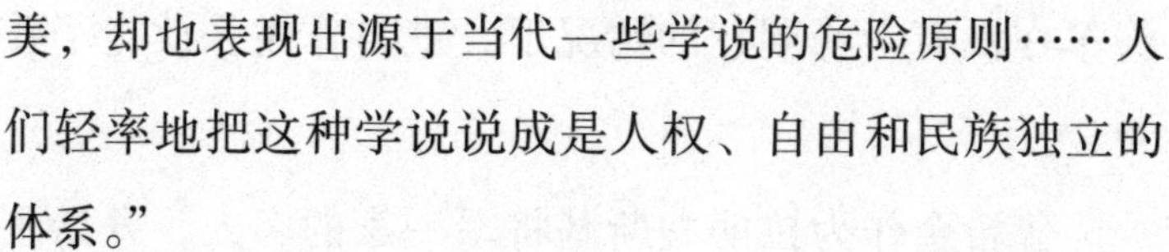

美，却也表现出源于当代一些学说的危险原则……人们轻率地把这种学说说成是人权、自由和民族独立的体系。”

这份附件凝聚着卡拉姆辛、茹科夫斯基等多人的苦心，而执笔者就是外交部的长官之一的卡波季斯特里克。这位可敬的人生于希腊，1809年到俄国服务，1815年至1822年任俄国外交大臣。1830年希腊宣布独立后，他当选为希腊总统。

英佐夫将军就连官方的所谓“忠告”，也不曾给过普希金。他想的是：这个年轻的诗人，刚刚经历一场大祸临头式的遭遇，他最需要的不是什么“忠告”，而是关怀，是爱护，是完全的自由和休息。他没有给普希金任何繁琐的公务，而是让年轻的诗人当了一匹自由自在的“野马”。

普希金到大河中去洗澡、划船，到繁茂的树林中去听鸟儿的鸣啼，寻幽探秘。然后回到他简陋但清静的小房子里写诗。一晃就到了5月下旬。这时拉耶夫斯基将军一家来了，他们去高加索旅游，途经此地。

这一家人中有两个女儿、英国家庭女教师、鞑靼女仆、军医，还有既是恰达耶夫又是普希金朋友的骠骑兵大尉尼古拉，他是拉耶夫斯基将军的儿子。普希金早就对高加索神往，尼古拉更是极力鼓动；英佐夫将军在没有上峰同意的情况下，就自作主张放走了普希金。

普希金作为拉耶夫斯基将军一家的客人，开始了他搜集踏访、收获丰沛的高加索之行。

与土耳其和伊朗接壤的高加索地区，一边是黑海，一边是里海。年轻的诗人生平第一次看见了大海！塔甘罗湾波涛汹涌，激浪拍岸，普希金顿觉心中的积郁被涤荡尽净，一种从未有过的畅快感涌遍周身。蓝天，大海，嬉水的少女，远去的桅帆……这美丽的印象，后来都叠入了他著名的诗体小说《叶甫盖尼·奥尼金》之中。

拉耶夫斯基将军此行，是旅游兼军务视察，所以他们几乎走遍了整个高加索。

他们通行的一些地域，农奴起义正此伏彼起，如

←斯塔夫罗波尔风光

火如荼。壮烈的现实，将拉辛、普加乔夫这些农民起义领袖们的过去又再现在人们的眼前，反抗者吟唱的歌曲、苦难与光荣的传说，使对这些历史早就魂牵梦绕的普希金，再一次如临其境。激动不已的诗人沉浸在博大史诗的意境之中，一个个艺术形象呼之欲出……

哥萨克人的顿河草原，格鲁吉亚人的峭崖高地，山顶终年白雪皑皑、海拔5642米、巍峨耸立的厄尔布鲁土峰，在这片土地上，神话和传奇故事，就像绿遍每个角落的野草，葱郁无边的森林。据说普罗米修斯，就被锁在厄尔布鲁士峰高高的巉岩上。据说“高加索”这个名字，最早是由古希腊三大悲剧家之一的埃斯库罗斯说出的。神秘的博斯波尔王国古都的大墓穴，旧日王朝的废墟，黑海沿岸的古代遗迹，大堡垒，古炮台，器皿的碎片，修士遗在悬崖上的禅房，荒草漫上石阶的修道院，费奥连特海角的狄安娜古庙遗址……

马背上的哥萨克，高加索的山民，比萨拉比亚的吉普赛，这些勇敢剽悍的人们，桀骜不驯的人们，四海为家游荡漂泊的人们，使普希金找到了把豪放、自由的性格加以诗化的形象，找到了准确、精当的表达方式和语言。

普希金每到一地，就转个不停，与各种人交谈个不停，精力极其充沛。他与同行的尼古拉探讨传说的起源，地理的沿革；他与两个少女嬉耍，和鞑靼女郎聊天儿。如果在某地碰上了文人学士，他便会表现出异常的热情和兴奋。原外交部亚洲司的官员勃洛涅夫斯基，以高加索和多利亚研究专家、19世纪俄国优秀地方志编纂者的身份，荣幸地接待了前去拜访的诗人普希金。诗人敞开他兼容并蓄的胸怀，将一切都收入了自己的记忆。

要塞、村落、马队，民风、民俗、民情，直率粗犷的男人，泼辣多情的女人，被捕的强盗，带枷的苦役犯，边境的流民，无论是飞扬的尘土还是草叶上的露滴，都有了进入诗歌的可能。

“俘虏——少女——爱情——逃亡”。普希金用简略到最少的文字，记下长诗《高加索的俘虏》的情节。

在坍圮的宫殿，可汗与公主哀艳的爱情故事，在他心中形成了长诗《巴赫奇萨莱喷泉》的雏形。

他在新的构思的同时，又为被流放之前刚刚完成的长诗《鲁斯兰和柳德米拉》，续写了一个尾声。这部俄国诗歌史上划时代的浪漫主义长诗巨作，此时正在普希金无从知晓的广大地区流传着。茹科夫斯基的声音，不时回响在旅途上的普希金耳旁：“被战胜的老师赠予获胜的学生，以纪念他完成《鲁斯兰与柳德米拉》

诗篇这一难忘的日子。1820年3月26日。”——这段话是茹科夫斯基把自己的一幅石板画像赠给普希金时，题写在下边的。这位以由衷的欣喜之情注视着普希金成长的诗坛巨匠，也许尚不知，又已有多少鸿篇巨制，萌动在普希金的心里了。不息涌动的诗情，正伴随着流放中的普希金。许多人将和茹科夫斯基一样，从吹荡的风中，听到远方普希金那“活泼愉快的孩子气的笑声”。

在离开彼得堡的一年中，普希金走遍了乌克兰、库班、高加索、克里米亚、比萨拉比亚以及伏尔加河第聂伯河顿河沿岸。从船行的大海到东行的陆地，从起伏的高地到连绵的山谷，从无边的森林到辽阔的草

→高加索山民

原，普希金久已幻想过多次的长旅，变成了以诗行载入历史的诗人足迹。

搞“愚民政策”，用多种阴谋和阴谋限制、迫害有良知的知识分子，是所有手握专制权柄的人维护自己统治的惯行做法。民愚，民就不会心生反抗的念头和自由的渴望；扼住优秀知识分子们的喉咙，就可以使呼吁自由、人权的声音少到近无，就能够让“民”的耳根“清净”，心如死灰地认可被奴役的命运。而真正意义上的文学，却总要触及人的自由、人的尊严、人的个性这样一些“人道”的问题。文学是最容易使人“想入非非”的文字。对被奴役者来说，“想入非非”就是为争取做人的权力“犯上作乱”的前奏。俄国沙皇在这方面的清醒，绝不比世界上其他种类的独裁者差。但是，亚历山大一世却没有想到，流放普希金，反使这位出身贵族的诗人，有了走向民间、深入下情、倾听人民呼声的机会。他目睹了那么多沙皇不希望他看到的事物：农奴起义，越狱逃跑的囚徒，宁肯浪迹天涯也要不放弃自由的吉卜赛人、流民，暗潜在人们心中的巨大的反抗能量……

对于被流放的普希金来说，俄国的南方的的确确是大海。

普希金与《现代人》杂志

1935年12月31日，普希金向尼古拉一世提出创办杂志的申请，两周之后获准，但提出了不许出“政治栏”的条件。而且稿件除接受普通检察之外，还要经过军事检察机关、宗教检察机关、外交检察机关和宫内检察机关四者的检查。

《现代人》杂志共出版了四期：1836年3月31日，《现代人》第一期得到审查机关批准，4月11日出版；6月30日，第二期获准出版；9月底出版了第三期；11月11日出版了第四期。第五期的稿子已经准备好了，但是诗人的突然逝世打断了他的杂志编辑活动。

然而就是这四期杂志，却建构了《现代人》的审美标准和价值取向，并且一直传播和延伸到此后的数十年间。

《现代人》的第一个特色是推重评论。同普希金一样，果戈理是一位“作为艺术家的批评家、批评的艺术家”。普希金不仅十分赞赏果戈理的现实主义创作才华，而且很重视他的批评才能，并把亲自创办的《现代人》杂志的批评栏目委托给他主持。在《现代人》第一期上，果戈理发表了他的评论：《论1834和1835年杂志文学的进展》。文章发表后，“引起了文坛的轩然大波，对公众产生了良好的影响”。

《现代人》的第二个特色是奖掖新人。苏尔丹·卡扎·基列是个少数民族作家，当时在文坛还默默无闻，普希金在第一期就破例发表了他的一则短篇小说《阿日图盖山谷》。在《现代人》第三期、第四期上，普希金还以特殊的规格相待一个叫丘特切夫的诗，连续编发了他的42首诗歌。

《现代人》的第三个特色是以原创为主。小说创作是《现代人》的风向标。头几期不但有果戈理的几个著名短篇小说，而且还有俄罗斯文学史上具有里程碑意义的作品《上尉的女儿》。

除了诗歌、小说等狭义上的原创作品，《现代人》从第一期起还进一步开拓了原创的空间，比如就把回忆录作为收集活的历史资料的专栏。在18世纪30年代，普希金曾不止一次地劝说有才华的俄国人写回忆录。最令他感兴趣的，是一些军

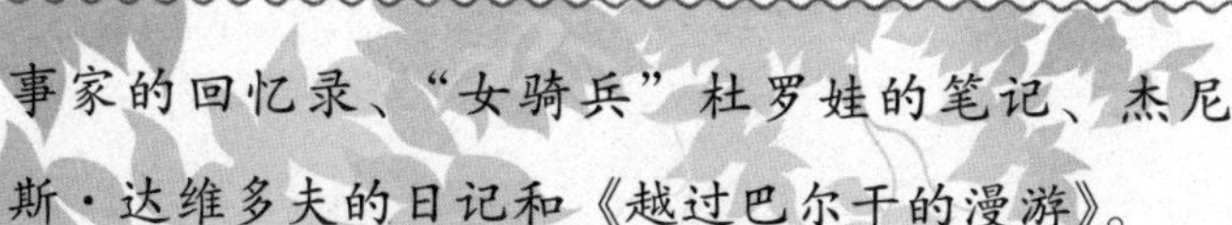

事家的回忆录、“女骑兵”杜罗娃的笔记、杰尼斯·达维多夫的日记和《越过巴尔干的漫游》。

《现代人》的第四个特色是发挥名人效应。一方面，名人在社会上本来就是有着相当的威望的，如《文学报》时代的“普希金小组”，就聚合、集中了为数不少的最有修养的作家，包括诗人、学者和古典文学与近代文学专家，当时就有人讥讽他们有意“独霸”文坛，给他们起了个“文学贵族”的绰号；另一方面，他们还不断地利用《现代人》杂志作为阵地，扩大与名人交往的社会范围。

《现代人》除了团结俄罗斯有影响的作家外，还有意识地培养文学批评家、编辑家进入《现代人》的“文学场”，因而在普希金逝世后《现代人》杂志还能沿着普希金的路线发展下去，使《现代人》成为一种具有意见、具有特色和活动的杂志。

《现代人》后来由别林斯基、涅克拉索夫、车尔尼雪夫斯基、杜勃罗留波夫等编辑，一直办到19世纪60年代，不仅培养了一大批优秀的作家，而且成为俄罗斯进步人士的喉舌。

太阳照常升起

再见吧，大海！你壮观的美色
将永远不会被我遗忘
我将久久地、久久地听着
你在黄昏时分的轰响……
——普希金《致大海》

对于南方给予的丰厚馈赠，普希金以诗人的感激方式，做了最好的回报，那是一部部、一首首传世的长诗和短诗：1820年至1821年——《高加索的俘虏》。1821年至1822年——《强盗兄弟》。1821年至1823年——《巴赫奇萨莱喷泉》。还有《少女》《囚徒》《匕首》《拿破仑》《致奥维德》《给书刊审查官的一封信》《征兆》……著名诗体小说《叶甫盖尼·奥尼金》，也是在南方期间萌发的。

反对沙皇专制政府、争取民主自由的浪潮，在远离彼得堡的南方汹涌，拍击着越来越多的心灵。幸福会、雅各宾派俱乐部、进步者协会……各种秘密社团的活动，引起当局日益紧张的注意，政府派出的密探，无孔不入地抽动着敏感的鼻子。1822年2月5日，英佐夫将军办公室来了一个神秘人物，让英佐夫逮捕少校弗拉基米尔，“以揭露一场军事政治阴谋”。得此消息的普希金，立即通知了正在军队中进行革命宣传活动的好友。然而，弗拉基米尔少校还是被捕了，被关进要塞。紧接着，又有一些近卫军军官，或被免职，或受到监视。在政治流放的环境中生活的普希金，当然懂得什么样的日子来临了。

1823年7月，普希金被调往敖德萨，在新任全权总督沃龙佐夫手下任职。

此人官衔是侍从将军，伯爵爵位，是个自恃有身份又善于阿谀沙皇、官运亨通的人物。他一开始就以普希金保护人自居，并试图“拯救普希金的德性”，让他“改恶从善”。这个官僚，是可以成为世间一类人的标本：身居高位，自我感觉良好，还不时地附庸一下风雅；但就是没有独立的人格，为利益可以不要廉耻和尊严，以虚伪造作掩饰内心的空虚。

可以想见，根本就没有理由把沃龙佐夫放在眼里的普希金，会怎样对待这位总督大人的“拯救”和约束。

黑海岸边的敖德萨，是一座有着“自由港”之称的新兴城市。每天都有大量的商船来到，大街小巷里，走着操希腊语、法语、英语的水手和商人。普希金很快发现，这座新城中，居然有大量珍贵的藏书！时髦的新版本、古老的羊皮本都有，甚至还有关于一些时期“叛乱”、“暴动”的手抄本资料。这对普希金来说，无异于久旱逢甘霖。小姐、贵夫人、移民至此的异国女郎，在尘土飞扬中花枝招展，出入于沙龙、舞会和修建得富丽堂皇的剧院。女人总能使普希金更有激情，更具青春活力。在这俄国边疆的“自由港”小城，开放、自由的气息就像空气一样，想禁锢也禁锢不了。

普希金来往于文化界和“十二月党人”聚集的场所。

普希金出入于劳动者阶层的作坊、街巷和码头。

普希金出现在流浪者中间。

←正在耕作的俄罗斯农民

在各个阶层，普希金都找到了知音。甚至，“退休的海盗”摩尔人阿里，也成了诗人的朋友。在对人的取舍上，庸俗的势利原则对普希金毫无用处。越是身处严酷的生存环境之中的人们，往往越是有着丰富的、异乎寻常的经历。他们的体验、感触，不像无聊文人和浅薄的锦衣美食者那样，随意、到处聒噪。有些人掉颗牙也会发一通感慨、写一篇文章。他们砍掉一只手臂，也许终生都不谈。普希金从内心深处关注他们，认为他们那里有许多可供学习的东西。比如语言，鲜活的、充满阳光味儿而不是陈腐味的语言。普希金曾说：

“人民大众的口语值得深入调查一番。阿尔菲耶芙就是在佛罗伦萨市场上学习意大利语的。”

“青年作家们，去听听大众的语言吧。在大众中间，你们能够学到从报纸上学不到的东西。”

“研究古老的民歌和故事，是全面了解俄国语言必不可少的工作。”

敖德萨社交界有名的美人是叶·克·沃隆佐娃。

对于流放至此的著名诗人普希金，她也开始发生了兴趣。最初也许仅是好奇，可渐渐地变成了好感。并不漂亮的普希金，用他弟弟列夫的话说：“他长相难看，但表情丰富，充满活力。虽然他个头矮小，可瘦长而结实的身体十分匀称，颇能讨女人喜欢……当她想向某一女子献媚或对某一女人感兴趣时，他的谈吐就变得十分富有诱惑力……”叶·克·沃龙佐娃性格开朗，富有才华和教养，但“教养”并不妨碍她顺从天性地展示自己，展示她波兰女性特有的风流魅力。普希金爱上了这个美貌的女人。一次，与普希金在海边漫步，她突然若有所思地站住，眺望着大海，吟诵起茹科夫斯基的诗句：

你从岸上凄然地瞭望，
瞭望那空阔的天边：
有没有白色的帆影，
有没有来往的舰船！

吟诵茹科夫斯基而不是普希金本人的诗句，她表白得自然、含蓄，恰到好处，对美丽多情的女人从来都怀有好感的普希金，当然会作出最美好的回应。他们两情依依，终于到了再不需要“含蓄”的时候……

叶·克·沃龙佐娃不是别人，她就是要“拯救普希金灵魂”的沃龙佐夫伯爵的夫人。

巴尔扎克曾说：世上有多少暴发的男人，就会有多少堕落的女人。套用这位法国文学大家的话，未曾不可诗意地说：世上有多少优秀的男人，就会有多少升华的女人。

伯爵、总督、老官僚、老政客的沃龙佐夫，能得到女人的漂亮，但得不到漂亮女人的爱情。因为年轻美丽的叶·克·沃龙佐娃遇上了普希金。她从普希金的爱中，得到了从未得到过的幸福和满足。1824年7月，当普希金再次被流放，离开敖德萨的时候，她送给普希金一只镶有护身符的戒指，而她的爱，则给了流放中的诗人以温馨、欢乐和心灵的抚慰。在以后的岁月里，普希金为她写了多首哀婉凄美的情诗（《烧毁的信》《护身符》《一切都为了对你的怀恋》《天

→《巴赫奇萨赖的泪泉》插图莎莱玛

使》《你可爱的倩影再一次》《致大海》等等)。她的名字也因她与普希金的爱情而被后人记住。

据“十二月党人”谢·格回忆，在普希金与叶·克·沃克佐娃相爱之前，沃龙佐夫就已经对普希金的“不受约束”而“不能容忍”了。这个敌对阵营中被流放的十品文官，居然赢得了他夫人的心！他的“不能容忍”已到了穷凶极恶的地步。公报私仇的小动作搞过一些了，比如派普希金到赫尔松省去调查蝗虫灾情，可太不解恨，一劳永逸的做法应该是：把他弄出敖德萨！

沃龙佐夫向上峰发文，以希腊争取独立的起义者大批涌入南方各省为由，以南方到处传播的“狂妄而危险的思想”对普希金不宜为由，要求把普希金调离敖德萨。并非白痴的沃龙佐夫，深知当局最怕普希金的是什么，捅何处可以让最高当局对普希金发怒。他陈述的“理由”极具政客们都敬佩的才华，相当有说服力。

普希金被外交部除名。

限日将普希金押回普斯科夫省他父母的庄园。

1824年7月31日，普希金在专人监视下告别了敖德萨，8月9日抵达北方的米哈依洛夫斯克村。流放升格为幽禁。规定他不许随便离开，不许散布任何未经政府允许的诗文和言论。

沃龙佐夫总督的确高兴了一阵子：他终于利用手中的权力和练就的权术，把普希金驱逐出了敖德萨，迫害成功了！可是，他很快就心里不是味儿了，因为只有他自己清楚：究竟谁败得更惨。

米哈依洛夫斯克村庄园，5年前曾首次留下了诗人的足迹。这一次，她依然以荒凉、幽僻但却山清水秀的大自然，迎接了她痛苦、忧伤的儿子。亲爱的老奶娘，既为主人的遭遇而难过，又为乳儿重新回到自己的身边而高兴。她和尼基塔一起，心甘情愿地料理诗人幽禁中的生活。

打开在敖德萨作的读书摘录和采风笔记，回想留在那里的朋友们和倾心相许的叶·克·沃龙佐娃，普希金心潮起伏。他又听见了缪斯的召唤，强烈的创作欲望再一次从心中涌起。他先后完成了《叶甫盖尼·奥尼金》的第三至六章，《浮士德》一幕；俄罗斯戏剧改革的先驱之作历史剧《鲍里斯·戈都诺夫》；以吉普赛女奴唱的歌曲写成的草原长诗《茨冈》（又译为《吉普赛人》）；诗体小说《努林伯爵》。还有《致大海》《给凯恩》《假如生活欺骗了你》等一系列抒情诗和流芳后世的爱情诗。

太阳照常升起，大地照常春华秋实，俄罗斯伟大

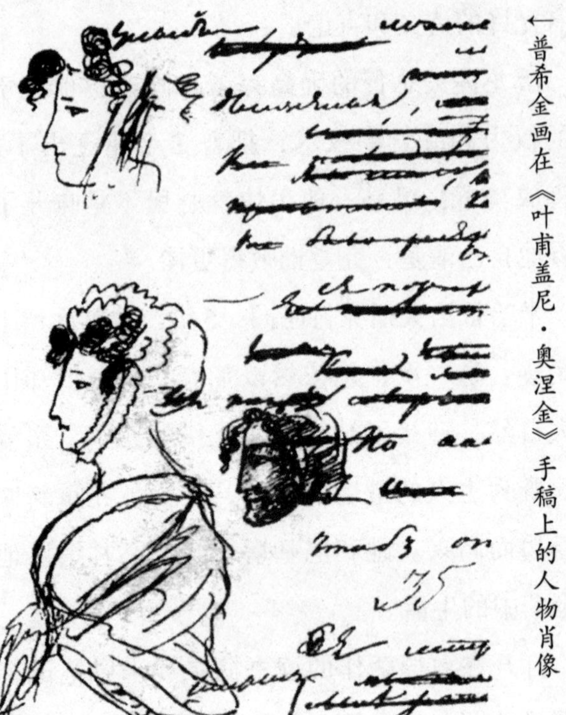

←普希金画在《叶甫盖尼·奥涅金》手稿上的人物肖像

诗人的声音照常传播在人民之中。

辛苦的创作之余，普希金常骑马或步行去散心。当然，他不得走出幽禁地，当局有专人监视他，定期向上汇报。三山村几乎成了唯一的去处。那里的女主人奥西波娃热情依旧，她的几个女儿都已长成了大姑娘。她们全家人欢迎普希金去做客，听普希金朗诵诗歌的时光，是所有人都期待的快乐。奥西波娃的几个女儿，都在心中悄悄地爱着普希金；而她们的表姐，奥西波娃的外甥女凯恩，也从彼得堡来了……她与诗

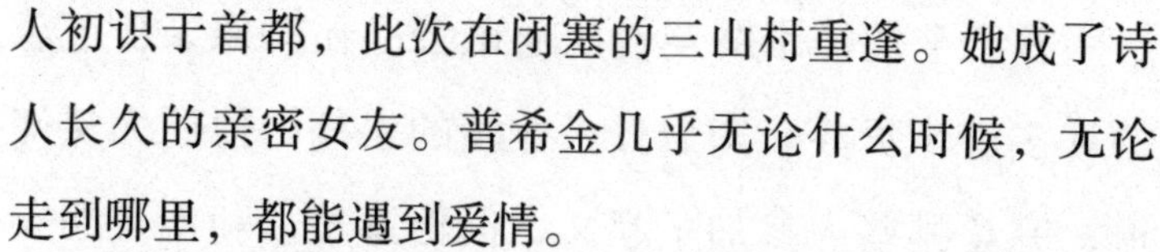

人初识于首都，此次在闭塞的三山村重逢。她成了诗人长久的亲密女友。普希金几乎无论什么时候，无论走到哪里，都能遇到爱情。

在与世隔绝般的生活中，普希金记住了每一位来访的朋友：皇村学校的同学普辛、普希钦（他们后来都成了“十二月党人”），诗人、作家戴里维格。他们千里迢迢专程而来，为的是给普希金一些安慰和快乐。外面的世界关注着米哈依洛夫斯克村，亲切的问候和鼓励，思念与倾诉，穿过草原和森林，抵达普希金的小屋。著名诗人雷列耶夫托普辛给普希金带来热情洋溢的信，那是许多人共同的声音——

“你以巨人的步伐向前进，并使真正的俄罗斯心灵无限欣喜。”

当创作告一段落的时候，当来访的友人离去的时候，普希金常会怅然地遥望远方。他思念广阔的南方大地，思念阳光灿烂的高原，思念激荡的大海和那里的爱……

1825年11月19日，流放普希金的沙皇亚历山大一世猝死。同年12月，尼古拉一世继位。

1825年12月14日，“十二月党人”分别在北方的彼得堡和南方的乌克兰发动武装起义。尼古拉一世残酷无情地将起义镇压下去。

普希金烧掉了朋友们的通讯录，还有他亲自记载的许多进步贵族、知识分子业绩的手稿。他还无从知道，究竟哪些人参加了起义，但他清楚，和他是朋友的所有人，都有参加的可能。为了保护朋友们，普希金做了相应的防范措施，防止牵连更多的人。

在到处进行的搜查和逮捕中，1826年到来了。茹科夫斯基写信给普希金，告诉他，最高审讯委员会在“十二月事件”每个参加者的文件里，都发现了他的“叛逆诗歌”，让他小心保护自己。茹科夫斯基的担心不是多余的，人们后来在官方档案中，发现了多份密探写的监视普希金的报告。

1826年7月24日，最高当局的判决，终于传到了偏僻的、被监视中的米哈依洛夫斯克村：领导起义的121名“十二月党人”，5名判处死刑，其余人统统流放到西伯利亚。他们中有诗人、作家、学者以及13名近卫军上校军官。其中有多位是普希金的同学或朋友：雷列耶夫、普辛、马尔林斯基、尼·屠格涅夫、久赫里别尔克……同年9月3日深夜，信使送来沙皇“恩准”普希金离开幽禁地赴莫斯科的通知。普希金次日上路，整个行程完全按押解政治犯的方式。这就是“恩准”。

老奶娘流着眼泪，又一次看着普希金离去。

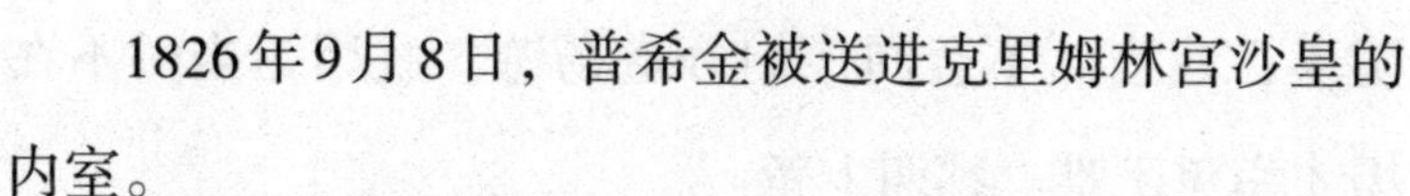

1826年9月8日，普希金被送进克里姆林宫沙皇的内室。

尼古拉一世：“听说，在被我流放到西伯利亚的人之中，有不少人是您的朋友？”

普希金：“是的，陛下。我与他们之中不少人很要好，我敬仰过他们，至今依然如此。”

尼古拉一世：“您怎么会喜欢久赫里别尔克这样的流氓呢？”

普希金：“您把他当作流氓，我感到惊讶。被流放到西伯利亚的人都是富有智慧和善于思考的人。”

尼古拉一世：“……假如您在彼得堡，会参加12月14日的暴动吗？”

普希金：“毫无疑问，陛下。朋友们都参加了这个

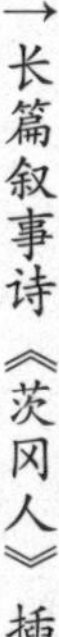

→长篇叙事诗《茨冈人》插图

阴谋，我当然不会同他们分道扬镳。我因为当时不在场才幸免于难。感谢上帝。”

伟大诗人光明磊落的人格，令高高在上的沙皇心里敬佩不已……他赦免了普希金，给他以公民的自由，并告诉普希金：以后他就是普希金作品的检察官。为了便于监视普希金和随时审查他的作品，沙皇让普希金留在政府的首都。

返回彼得堡、莫斯科的诗人，受到了文学界的热烈欢迎。普希金也十分激动和兴奋：戴里维格还在，维亚泽姆斯基还在，恰达耶夫还在，伯父瓦西里还在。更令普希金惊讶的是：无论是贵夫人、大臣、宫中女官、军官，还是大学生、佣人、侍女、士兵，居然在各阶层中都有那么多的人，把他当作最伟大的人物和最优秀的儿子来欢迎。只因为在他被迫远离大众的日子里，他仍以作品养育了大众；只因为他用最优秀的俄罗斯语言创作的诗歌，激活了千千万万人心中的梦想、追求和希望。

冬天到了。已风烛残年的老奶娘，惦记着在莫斯科或彼得堡的普希金，不知他的处境怎样。她精心看护着小主人留下的书，照料小主人在米哈依洛夫斯科村的未竟之事。1827年3月，她给普希金寄去一封信。信中，她忽而依照同老爷说话的规矩称呼“您”，忽而

按乳母对乳儿的习惯叫法称呼“你”，仆人的小心翼翼与无法抑制的母性慈爱，矛盾地交融在一起，最后变成恳切的请求：让他回米哈依洛夫斯克村来，“我要把所有的马儿都派去接你……”诗人普希金泪眼迷离地读完这封信，拿起他那写过彼得大帝写过拿破仑写过亲爱的女人的笔，写下了《致乳妈》——

我的残酷岁月里的伴侣
我的老态龙钟的奶娘！
你一个人在密密的树林里
久久地、焦急地等待我还乡
……
你望着那荒凉的门口
和幽深而遥远的路径
预感、思虑、深深地忧惊
每一刻你的心都不能安宁……

就在这一年的7月28日，普希金深爱的老奶娘与世长辞。

朋友的爱，老奶娘的爱，民间大众的爱，聚成刀剑和强权都无法斩断的力量源流，汩汩地注入普希金的心中。从1826年到1830年，普希金因为《安德列·雪里埃》（以《十二月十四日》为题广为流传）和《加甫利亚德》等诗篇，分别受到莫斯科警察总监和彼得堡总督的审讯。可是，太阳照常升起，大地照常春华秋实，俄罗斯伟大诗人不朽的作品照常源源不断地创作出来——《叶甫盖尼·奥尼金》写完7至10章；长诗《波尔塔瓦》完成；《别尔金小说集》《吝啬骑士》《瘟疫流行时节的宴会》《莫扎特和沙莱里》《致西伯利亚囚徒》《高加索》《在格鲁吉亚的群山上》等多种体裁的作品先后问世。“名作家普希金，不顾皇上恩典，继续传播有损政府声誉的诗歌和散文。”（引自1828年某秘密警察的报告）

←长篇叙事诗《努林伯爵》插图

相关链接

XIANGGUAN LIANJIE

《上尉的女儿》导读

《上尉的女儿》是普希金逝世前一年发表的一部反映普加乔夫农民起义的中篇小说，这部小说不仅在他的全部创作中占有极重要的地位，而且也是最早介绍到我国来的俄国文学作品。清光绪二十九年（1903），这部小说被译为《俄国情史》，成为中俄文学交流的第一位使者。

小说以贵族青年军官彼得的个人遭遇为线索，再现了普加乔夫起义的历史。

贵族青年彼得去白山要塞服役，途中遇暴风雪迷了路。风雪中出现了一个过路的陌生人，彼得请他指引道路。那人便跳上了雪橇，把他带到一个安全的村舍。彼得感到这位陌生人“外表很了不起，他大约有四十岁，中等身材，瘦瘦的，肩膀却很宽”。彼得为酬谢这位向导，买酒给他喝。第二天分别时，还把自己的皮袄赠给了他。这位陌生人不是别人，他正是落难中的农民起义领袖普加乔夫。他对彼得说：“谢谢……我永远不会忘记你的恩典。”

彼得到了奥伦堡，被派到白山要塞当军官。服役期间，他与要塞司令米罗诺夫的女儿玛莎相爱。青年军官施瓦勃林出于妒忌，与彼得决斗。彼得被施瓦勃林狠狠地砍了一剑，身受重伤。

1773年10月，普加乔夫率领农奴在俄国南部举行了暴动，他“骑着白马，穿着红袍，拿着出鞘的佩刀”，由部下蜂拥而来，很快占领了白山要塞。要塞司令米罗诺夫夫妇被处死，施瓦勃林投降了普加乔夫的农民起义军，彼得坚持与起义军为敌，被捕后等待被处死。临刑前，普加乔夫认出彼得就是那位在暴风雪中赠送他皮袄的青年，便免他一死，并将他释放了。

玛莎躲藏在牧师家里。施瓦勃林想要得到她，没有去告发她。普加乔夫派士兵叫彼得到住所去。他见到彼得后感激地对他说：“你在我不得不躲避我的敌人的时候给了我帮助。”他劝彼得为他服务，并封给他官职。但彼得没答应，因为他已向女皇叶卡杰林娜二世宣过效忠的誓。

普加乔夫的起义部队就要开拔了。他指定施瓦勃林为白山要塞司令。彼得要到沙皇军队驻守

的奥伦堡去，普加乔夫便派人送给他一匹马和自己的一件羊皮大衣。彼得临行前，偷偷地去看玛莎，她病得很厉害。他只好嘱托牧师的妻子照料她，有要紧的事送信给他。

在一次交战时，一个投降普加乔夫的白山要塞的士兵交给彼得一封信。信是玛莎写的，信中说，施瓦勃林强迫她要在三天内答应和他结婚，否则便要告发她了。彼得拿着信去见将军，要他发兵救援，但将军不同意，他只好私自离开了奥伦堡，赶往白山要塞。

出城不远，彼得便被普加乔夫的士兵捉住了。普加乔夫对他进行了问讯，彼得告诉他要去白山营救一个孤女。普加乔夫惊愕地说;“我的人谁敢欺侮孤女呢？……任意胡行和欺侮人民的人，我要绞死他。”彼得告诉他，那孤女就是他的未婚妻。普加乔夫决定亲自陪他一道去白山要塞。在路上，普加乔夫对他讲了一个乌鸦和老鹰的寓言：乌鸦吃死尸能活300年，老鹰喝生血只活33年。有一回，乌鸦劝老鹰吃一匹死马。老鹰啄了一口说：“不，乌鸦老弟！与其吃死尸活300年，不如痛痛快快地喝一次鲜血。”普加乔夫赞扬老鹰的自由和勇敢的精神。

他们乘车到了白山，营救了玛莎。普加乔夫打算亲自为他们举办婚礼。这时，施瓦勃林狗急跳墙，揭发玛莎是上尉米罗诺夫的女儿。普加乔夫问彼得为何隐瞒不告诉他。彼得说，如果他说出玛莎是上尉的女儿，她能活到今天吗？普加乔夫听了，觉得有道理，便命令施瓦勃林给彼得开一份通行证，他愿意把玛莎带到哪儿，便带到哪儿。

1774年，普加乔夫的军队失败了。彼得由于和普加乔夫的关系以及擅自离开奥伦堡的事件，被施瓦勃林告发。他遭到逮捕和受审，最后判处终身流放西伯利亚。玛莎以上尉女儿的身份，上彼得堡去求见女皇叶卡杰林娜二世，她把她和彼得的关系，以及他们前后的遭遇，原原本本地告诉女皇。于是彼得得到女皇的宽大和赦免。他和玛莎结了婚。普加乔夫被沙皇判处绞刑。临刑前，他在广场聚集的人群中认出了彼得，向他点头示意，之后从容就义。

《上尉的女儿》语言朴素、简洁，把18世纪俄罗斯的风俗人情通俗流畅地展现在读者面前，果戈理说它是“俄罗斯最优秀的一部叙事作品”。

我睁开了先知的眼睛……

——普希金《先知》

我爱能在危难中微笑的人

我爱能在痛苦中聚积力量的人

我爱能通过深思多得勇敢的人

——潘恩

1831年2月28日，普希金与公认的“莫斯科第一美人”娜塔丽亚·冈察洛娃结婚。

3年前，在莫斯科的一个舞会上，16岁的绝色少女，“身穿轻盈的白色连衣裙，头戴金发箍”的娜塔丽亚·冈察洛娃，以她的典雅妩媚、清纯娇韵，以她那别具一格的“浪漫色彩的美丽”，使经历过许多女性的普希金也“眩晕”起来。从此，她便成了诗人心中挥之不去的女神。从求婚、订婚到结婚，诗人跑了一场不断失望又不断重新燃起希望、有耐心有耐力的马拉松。

跑到追求娜塔丽亚·冈察洛娃终点的普希金，拥抱了成为他妻子的美人。这位对自己的一生以及身后都能作出先知般预言的诗人，兴致勃勃地开始了他的新生活，因此他不会想到，此时距离他生命的终点，只有短短的6年时光了。

在诗人生命的最后6年中，他创作了《渔夫和金鱼的故事》《死公主和七勇士的故事》《神父和长工巴尔达的故事》等长篇童话诗。写成《普加乔夫史》和关于普加乔夫起义的长篇小说《上尉的女儿》。创作了中篇小说《黑桃皇后》和以彼得大帝为题材的长篇叙事诗《青铜骑士》。此外还有《杜勃罗夫斯基》《女水妖》《西斯拉夫人之歌》《统帅》《我又造访了……》《纪念碑》等各种体裁的其他作品。那首写于1836年他逝世前半年的抒情诗《纪念碑》，让后世热爱他的人们，每重温一次都心潮难平。永远像太阳当空一样的预言，照耀着他短暂的一生和身后世界文学天地中的普希金风景。

1837年1月27日，诗人为了自己和妻子的尊严和名誉，怀着要么自己死去，要么与恶势力作一次总清算的决绝之心，同法国人丹特斯决斗。1837年1月29日下午2时45分，在决斗中身负重伤的诗人逝世。

沙皇当局立即作出了迅速的反应：禁止任何悼念

活动和有关事件的报道。宪兵、警察纷纷出动，去执行严厉的防范措施。因为恐惧引发政治示威，当局下令：将诗人的遗体，昼夜兼程运往米哈依洛夫斯克村附近的圣山修道院墓地埋葬。屠格涅夫在日记中写道：“零点将过，我出发送普希金的灵柩去普斯科夫省。在灵柩和我的前面，是个宪兵大尉骑在马上。”

阴森的禁令有效，然而有限。彼得堡数万民众涌向诗人的住宅和运送灵柩的雪橇，去瞻仰诗人的遗体。卡拉姆辛的女儿这样记载：“妇女、儿童、老人、学生、穿羊皮袄的甚至衣衫褴褛的平民百姓，纷纷前来瞻仰人民爱戴的诗人的遗体。”边远南方的敖德萨共有两份报纸，一份俄文的，一份法文的，统统蔑视了当局的禁令。报上在刊发诗人不幸逝世的噩耗时，赫然

→普希金和丹特斯决斗

印出了这样的文字：

“俄罗斯诗歌的太阳陨落了。”

老仆人尼基塔悄然地流着纵横的老泪：“没想到我这个老头子，还要为亚历山大·谢尔盖耶维奇送葬。我是用手托着他长大的……”在俄罗斯严寒的冬天里，他一直从彼得堡把普希金送到普斯科夫省的圣山修道院墓地。皑皑白雪覆盖下的冻土，无法给俄罗斯伟大的儿子一个稍稍温暖些的怀抱。泪眼蒙胧的俄罗斯民族，看到的是早已巍然耸立的——

纪 念 碑

我为自己树起了一座非金石的纪念碑
它与人民相通的路径将永远不会荒芜
啊，它高高举起了自己不屈的头
高过那纪念沙皇亚历山大的石柱

不，我不会完全死去——我的心灵将越出
我的骨灰，在庄严的琴上逃过腐烂
我的名字会远扬，只要在这月光下的世界

哪怕仅仅有一个诗人流传

我的名字将传遍伟大的俄罗斯
她各民族的语言都将把我呼唤
骄傲的斯拉夫、芬兰，至今野蛮的通古斯
还有卡尔梅克，草原的友伴

我将被人民喜爱，他们会长久记着
我的诗歌所激起的善良的感情
记着我在这凝固的时代歌颂自由
并且为倒下的人呼吁宽容

哦，诗神，继续听从上帝的意旨吧
不必怕凌辱，也不要希求桂冠的报偿
无论赞美或诽谤，都可以同样漠视
和愚蠢的人们又何必较量

先知一样的诗人，他的在天之灵必会听到：

“俄国人的心是不会忘记您的，就像不会忘记自己的初恋一样……”——这是诗人丘特切夫的声音。这位俄国大使馆的年轻属员，正在德国的慕尼黑。那是大诗人歌德的德国。1827年，歌德把他自己的鹅翎笔，通过茹科夫斯基赠予普希金，以表达他对年轻的俄罗斯诗人的友情和敬意。

“普希金是俄罗斯艺术之父和始祖，正像罗蒙诺索夫是俄罗斯科学之父一样。”——这是作家冈察洛夫的声音。这个1834年刚从莫斯科大学毕业的青年作家，孩童时就仰望太阳一样仰望普希金。

“简言之，普希金是伟大的民族诗人，他用美好的诗句，用幸福的情感，表达了俄罗斯民族心灵中最为美好的东西。”——这是茹科夫斯基的声音。这位长期在宫廷中任职、一向小心翼翼的诗坛巨匠，在普希金不幸逝世之后，撰写长篇檄文，愤怒谴责那些迫害普

圣山修道院旁的集市，普希金和农民们在一起。

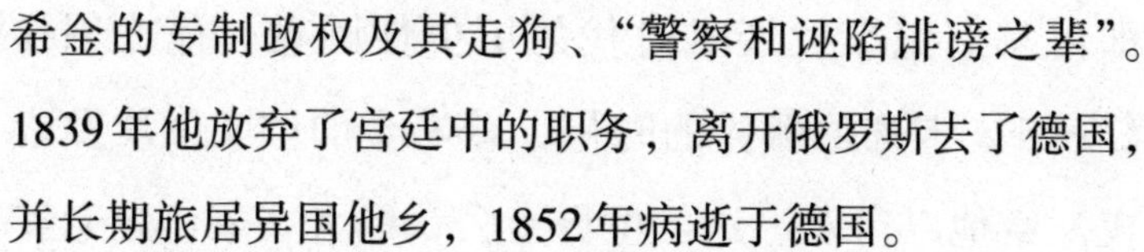

希金的专制政权及其走狗、“警察和诬陷诽谤之辈”。1839年他放弃了宫廷中的职务，离开俄罗斯去了德国，并长期旅居异国他乡，1852年病逝于德国。

在尼古拉一世反动统治的“残酷的时代”，“只有普希金的响亮辽阔的歌声在奴役和苦难的山谷里鸣响着：这歌声继承了过去的时代，用勇敢的声音充实了今天的日子，并且把它的声音送向那遥远的未来。”——这是作家、回忆录大师赫尔岑的声音。

“诗人死了！……为流言蜚语所中伤／垂下他那高傲不屈的头颅／胸中带着铅弹和复仇的渴望！……稀有的天才已像火炬般熄灭／那辉煌壮丽的花冠已经凋残……”——这是诗人莱蒙托夫的声音。在普希金不幸逝世的次日，就是这位年轻的诗人愤然而起，不顾当局的禁令，写下了到处流传的诗作《诗人之死》，为此他被流放。

“如果没有普希金，就不会出现继他之后的那些天才。”——这是陀思妥耶夫斯基的声音。

“普希金是我们的老师。他的美感发展到最高限度，别人是望尘莫及的。”——这是列夫·托尔斯泰的声音。他在说这番话时，代表的不仅仅是他自己，而是以所有俄国诗人、作家的名义。他的长篇巨作《战争与和平》，采用了《上尉的女儿》的结构原则，即由家庭纪事发展成时代的历史性画卷。他在创作《安娜·卡列尼娜》的时候，普希金的散文《埃及之夜》给他以启发。这位世界上公认的大文豪，老老实实地承认“普希金是我们的老师”。

“毫无疑问，他创立了我们诗的语言和文学语言。”——这是屠格涅夫的声音。

“他像一部辞书一样，包含着我们语言的全部宝藏、力量和灵活性……在他身上，俄罗斯的大自然、俄罗斯的灵魂，俄罗斯的性格反映得那样纯洁，那样美，就像在凸出的光学玻璃上反映出来的风景一样。”——这是作家果戈理的声音。他比普希金小10岁，1831年他21岁时荣幸地结识了普希金，从此过从甚密。在他为了糊口不得不给阔人家的弱智儿童当家庭教师，四处去当小职员的日子里，他得到了普希金热情的关怀和帮助。他在创作之初，普希金给予他宝贵的赞誉和鼓励。他的长篇名著《死魂灵》的核心情节，就是普希金为他提供的。

普希金“不仅是俄罗斯19世纪的伟大诗人，而且是各民族和各时代的伟大诗人。”——这是俄国现实主义美学和文艺批评的奠基人别林斯基的声音。在俄罗斯辽阔的土地上，各个民族的优秀诗人和作家都和别林斯基有着相同的认识。马克西姆·雷里斯说：“从很

早以前普希金就令乌克兰作家感到亲切，这不仅仅因为他写作了《波尔塔瓦》，而且因为他的全部作品，因为他那广袤无垠的伟大之处。”萨麦德·伍尔贡说：“无论是拜伦、歌德，还是荷马、但丁，以及菲尔多西、哈菲兹，都没有像普希金那样，在阿塞拜疆得到全体人民的热爱。”阿·阿巴舍利说：“格鲁吉亚的土地永远记着普希金的声音。”马克西姆·坦克说：“白俄罗斯文学是在普希金的有益影响下成长和发展起来的。”亚美尼亚诗人阿维季克·伊萨克扬说：“我在童年时代第一次感受到普希金诗歌的美，从此以后，俄罗斯诗坛的太阳就永远以其纯洁、灿烂的光辉为我照耀着艺术世界。”

几十年过去了。一百年过去了。在这个表面积达51100万平方公里的地球上，浩瀚的海洋拍击着大片的陆地和千千万万的岛屿，荡漾开的人类分布在所有生长植物的地方，每天都有太多太多的事情发生、发展和成为过去。可是，那些为人类的文明与进步做出过卓越贡献的人们，那些代表着人类的良知，与神圣、庄严、崇高同在的人们，依然不能被遗忘。

先知一样的诗人普希金，他的在天之灵必会看到、听到——

在欧洲，在非洲，在亚洲，在拉丁美洲，他的不朽的诗歌和其他作品，在庞大的图书馆中珍藏。在千千万万个家庭的书架上，在热爱文学的各种肤色的人们手上。马克思五十多岁开始学俄语，兴致盎然地阅读原文版的普希金作品；恩格斯亲自将《叶甫盖尼·奥尼金》的章节译成德文；列宁被流放西伯利亚时，随身带着普希金的作品。以普希金的诗歌谱成的大量歌曲，被传唱至今；他的作品被改编成话剧、歌剧、舞剧、儿童剧和电影。1830年1月，他曾向沙皇当局

←《叶甫盖尼·奥涅金》插图，塔吉娅娜和奥涅金。

申请，要求允许他随同派往中国的使团访问中国，但被专制政府拒绝。在他向往的中国，他的抒情诗、长诗、小说被译成多种译本，他的童话诗《渔夫和金鱼的故事》节选，被收入小学生们使用的语文教材。

法国作家梅里美、左拉、罗曼·罗兰都向俄国的伟大诗人表示敬意。在普希金诞生100周年时，左拉特向俄国的同行们祝贺，他说：普希金是“当代俄国文学之父，是多才多艺的人，是杰出的诗人，是自由和进步的真正朋友。”

诺贝尔文学奖获得者，智利大诗人聂鲁达说：“受到自己伟大的人民保护的普希金，向世界各国人民放射着光彩。”

黑人作家保罗·罗伯逊说：“普希金属于全人类。”

在他的祖国俄罗斯，一百多年中，政权一次又一次地从这样一些人手上到另一些人手上，意识形态一次又一次地发生这样或那样的变化。可普希金一直是俄罗斯的光荣和骄傲。米哈依洛夫斯克村、三山村、圣山修道院，已被辟为“普希金自然保护区”，那里的一草一木，都被伟大的俄国人民很好地保护着。苏联作家康·巴乌斯托夫斯基在他的散文《米哈依洛夫斯克小树林》中写道：“这里的自然环境谁都没有触动。人们非常珍爱它。当需要给保护区安装电灯的时候，为了不立电线杆子，便决定在地下拉电线。电线杆子会破坏这些荒芜地带的普希金的魅力的。”在保护区的小树林中，牵牛花丛中，石楠花丛中，草丛中，干枯的草莓丛中，随处都会不时地出现一个小木牌，上边题写着普希金的诗句，几句，三句，两句，或者一句。“在各个不同的年代／米哈依洛夫斯克的小树林啊／我曾经来到你的树荫下。”“再见吧，三山村／在这里欢乐曾多少次将我相迎。”“我看见了两片碧蓝碧蓝平镜似的湖水。”……康·巴乌斯托夫斯基说：“我几乎走遍全国，见到很多令人惊异和撩人心弦的地方，但是它们之中没有一处具有米哈依洛夫斯克这样意想不到的抒情力量。”

一位高个子的俄罗斯人，连续几年在特定的时间里到米哈依洛夫斯克村来。在第三个夏天里，康·巴乌斯托夫斯基几次与高个子相遇于山坡、草地和小树林中。下面是他为康·巴

←普希金、克雷洛夫、茹科夫斯基和格涅季奇等作家在一起。

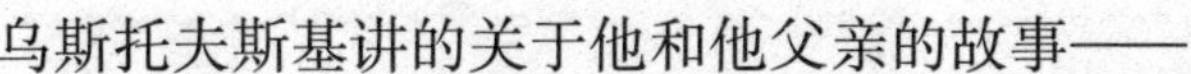

乌斯托夫斯基讲的关于他和他父亲的故事——

在穷困的日子里，我父亲喝醉了酒的时候，他就开始背诵普希金的诗并且痛哭。他撕扯着自己的衣服，喊叫着说：“普希金是像我们这样的该诅咒的乞丐生活中的唯一的阳光！”普希金的任何一首诗他都记不完整。他只是开个头，但没有一次背诵完过。这很惹我生气，尽管当时我只有8岁，刚刚能认清印刷体的字母，我决定把普希金的一些诗读完整，于是到市图书馆去。我久久地站在门旁，直到女图书馆员喊我，问我需要什么。

“要普希金。”我笨拙地说。

“你想要童话吗?”她问我。

“不，不要童话，要普希金。”我执拗地重复着说。

她给了我厚厚的一本书。我坐在窗旁的角落里，打开书，就哭了起来。我哭的原因是：只是在现在，当我打开书之后，我才明白，我不可能读完它，明白了我还根本不会读，还明白了在这些诗行中隐藏着一个酒醉后的父亲为之痛哭的诱人的世界……（见康·巴乌斯托夫斯基《米哈依洛夫斯克小树林》）

这样的故事，天国上的普希金肯定能够听得到。

相关链接

XIANGGUAN LIANJIE

普希金的贡献

普希金的重大贡献，在于创建了俄罗斯文学语言，确立了俄罗斯语言规范。屠格涅夫说：毫无疑问，他创立了我们的诗的语言和我们的文学语言。普希金的同时代人和好友果戈理也曾说：“一提到普希金的名字，马上就会突然想起这是一位俄罗斯民族诗人……他像一部辞书一样，包含着我们语言的全部宝藏、力量和灵活性……在他身上，俄罗斯的大自然、俄罗斯的灵魂、俄罗斯的语言、俄罗斯的性格，反映得那样纯洁，那样美，就像在凸出的光学玻璃上反映出来的风景一样。”

在俄罗斯文学史上，普希金享有很高的地位。别林斯基在著名的《亚历山大·普希金作品集》一文中指出：“只有从普希金起，才开始有了俄罗斯文学，因为在他的诗歌里跳动着俄罗斯生活的脉搏。”赫尔岑则说，在尼古拉一世反动统治的“残酷的时代”，“只有普希金的响亮辽阔的歌声在

奴役和苦难的山谷里鸣响着：这个歌声继承了过去的时代，用勇敢的声音充实了今天的日子，并且把它的声音送向那遥远的未来”。冈察洛夫称“普希金是俄罗斯艺术之父和始祖，正像罗蒙诺索夫是俄罗斯科学之父一样”。普列汉诺夫、卢纳察尔斯基、高尔基等人对普希金也有所论述。高尔基曾指出：“普希金的创作是一条诗歌与散文的辽阔的光辉夺目的洪流。此外，他又是一个将浪漫主义同现实主义相结合的奠基人；这种结合……赋予俄罗斯文学以特有的色调和特有的面貌。”

普希金的作品被俄国著名的艺术家编成歌剧、舞剧，改编成话剧、儿童剧和摄成电影。他的诗歌被谱成歌曲，流传至今。在苏联，对普希金的研究形成“普希金学”。苏联科学院俄罗斯文学研究所（又名“普希金之家”）是收藏普希金的私人藏书、手稿和研究普希金的中心。多年来，如魏列萨耶夫（编有《普希金在生活中》两卷）、莫扎列夫斯基（著有《普希金》）、齐亚甫洛夫斯基（编有《普希金生活与创作年谱》）、托马舍夫斯基（著有《普希金》两卷）、勃拉戈依（著有《普希金的创作道路》两卷）、梅拉赫（著有《普希金及其时代》）等著名的普希金学者，对普希金研究都作出了很多贡献。俄罗斯文学研究所编辑了17卷本《普希金全集》(1937—1959)、《普希金研究与资料》、《普希金委员会会刊》(多册)和《普希金语言辞典》(4卷，1956—1961)等。莫斯科和列宁格勒建有普希金博物馆，列宁格勒有普希金故居纪念馆。米哈伊洛夫斯克村和附近的三山村以及普希金安葬地圣山修道院，已改为普希金文物保护区。

史料表明，普希金读过很多有关中国的书籍，对中国人民怀有深厚的感情。1830年1月他曾请求沙皇当局，允许他随同派往中国的使团访问中国，但遭到拒绝。普希金在20世纪初即已被介绍到中国来。中国翻译的第一部俄国文学作品是普希金的代表作《上尉的女儿》，中译书名为《俄国情史》《斯密士玛利传》，又名《花心蝶梦录》(1903)。普希金的诗歌、戏剧和散文作品，大部分已有中译，有些作品甚至有几种译本。

普希金跨越了世纪的门槛，他是俄国浪漫主义文学的杰出代表。